Salate mit Fleisch

116 leckere Salat-Rezepte zum Genießen

Valentina Steinert

Salate mit Fleisch

1. Ananas-Curry-Salat mit Garnelen (scharf)

Portionen: 4-6 Personen

Zutaten:

- 1 große Ananas
- 1-2 EL Currypulver
- 1 TL Ingwerpulver
- 750 g Großgarnelen (geschält)
- Öl zum Braten
- 1 Chilischote
- 1 kleines Bund glatte Petersilie
- 1 Schuss Speiseöl
- Salz und Pfeffer

Zubereitung:

1. Als Erstes die Garnelen waschen, trockentupfen und in mundgerechte Stücke schneiden.
2. In einer Pfanne etwas Öl erhitzen, die Garnelen darin anbraten und erstmal beiseitestellen.
3. Nun die Chilischote waschen, entkernen und fein hacken.
4. Anschließend die Petersilie waschen und fein hacken.
5. Zum Schluss alle Zutaten in eine Schüssel geben, umrühren und servieren.

2. Ananas-Schinken-Salat

Portionen: 4-6 Personen

Zutaten:

- 1 große Ananas
- 600 g Kochschinken (Wurst)
- 500 g Naturjoghurt
- 1 Handvoll frische Minze
- Salz und Pfeffer

Zubereitung:

1. Zuerst die Ananas schälen und in mundgerechte Würfel schneiden.
2. Nun den Kochschinken in Stücke schneiden.
3. Anschließend die Minze waschen und fein hacken.
4. Alle Zutaten in eine Schüssel geben und umrühren.
5. Zum Schluss abschmecken und servieren.

3. Apfel-Garnelen-Salat

Portionen: 4-6 Personen

Zutaten:

- 6 rote Äpfel
- 750 g Großgarnelen
- 1 Handvoll glatte Petersilie
- 200 ml Speiseöl

- Öl zum Braten
- 5 EL Apfelessig
- 2 TL Agavendicksaft
- Salz und Pfeffer

Zubereitung:

1. Zuerst die Garnelen waschen und trockentupfen.
2. In einer Pfanne etwas Öl erhitzen, die Garnelen braten und erkalten lassen.
3. Währenddessen die Äpfel schälen, entkernen und in kleine Würfel schneiden.
4. Nun die Petersilie waschen und fein hacken.
5. Zum Schluss alle Zutaten in eine Schüssel, umrühren und servieren.

4. Asiatischer Rindfleischsalat

Portionen: 4-6 Personen

Zutaten:

- 200 g asiatische Glasnudeln
- 3 Scheiben Rumpsteak
- 1 Bund grüner Spargel
- 3 Frühlingszwiebeln
- 1 Schuss Rapsöl
- Salz und Pfeffer
- Öl zum Braten

Zubereitung:

1. In einer Pfanne etwas Öl erhitzen, das Fleisch medium braten und anschließend in feine Streifen schneiden.
2. Den Spargel putzen, die Enden abbrechen und in Stücke schneiden.
3. Nun die Frühlingszwiebeln schälen, waschen und in feine Röllchen schneiden.
4. Die Glasnudeln in kaltes Wasser geben, für wenige Minuten einweichen lassen und halbieren.
5. Alle Zutaten in eine Schüssel geben und umrühren.
6. Zum Schluss etwas Öl hinzufügen, gut würzen und servieren.

5. Asiatischer Speck-Salat

Portionen: 4-6 Personen

Zutaten:

- 1 Pck. Glasnudeln
- 250 g Schinkenwürfel
- Fett zum Braten

- 1 Pck. Babyspinat
- 500 g Cherrytomaten

Für das Dressing:

- 200 ml Rapsöl
- 5 EL Sojasauce
- 2 TL Sesamöl

- 2 EL Agavendicksaft
- Salz und Pfeffer

Zubereitung:

1. Zuerst die Glasnudeln mit heißem Wasser übergießen und für etwa 15 Minuten stehen lassen.
2. Währenddessen etwas Fett in eine Pfanne geben, den Speck braten und abkühlen.
3. Nun den Babyspinat waschen und putzen.
4. Anschließen die Tomaten waschen und halbieren.
5. Für das Dressing werden alle oben genannten Zutaten vermengt und umgerührt.
6. Zum Schluss alle Zutaten miteinander vermischen und servieren.

6. Avocado-Hähnchen-Salat

Portionen: 4-6 Personen

Zutaten:

- 500 g Hähnchenbrustfilet
- 4 Avocados
- 2 Schalotten
- 1 Dose Mais

- 1 Bund glatte Petersilie
- 1 Schuss Rapsöl
- Salz und Pfeffer
- Öl zum Braten

Zubereitung:

1. In einer Pfanne etwas Öl erhitzen und das Fleisch gut durchbraten.
2. Mit einer Gabel das Fleisch vorsichtig zerrupfen und abkühlen lassen.
3. Währenddessen die Avocados halbieren, entkernen und das Fruchtfleisch grob würfeln.
4. Die Schalotten schälen und ebenfalls in Würfel schneiden.
5. Nun den Mais aus der Dose nehmen und waschen.
6. Die Petersilie waschen und fein hacken.
7. Anschließend alle Zutaten in eine Schüssel geben und umrühren.
8. Zum Schluss nochmals würzen und servieren.

7. Avocado-Lachs-Salat

Portionen: 4 Personen

Zutaten:

- 250-300 g Räucherlachs
- 4 Avocados
- 350 g Rucola
- 2 Schalotten
- 1 Schuss Olivenöl
- Salz und Pfeffer

Zubereitung:

1. Als Erstes den Lachs in Stücke schneiden.
2. Die Avocados halbieren, entkernen und das Fruchtfleisch würfeln.
3. Nun den Rucola waschen und putzen.
4. Alle Zutaten in eine Schüssel geben und umrühren.
5. Olivenöl hinzufügen, gut würzen und servieren.

8. Avocado-Paprika-Salat mit Rindfleisch

Portionen: 4 Personen

Zutaten:

- 5 Avocados
- 6 Scheiben Rinder-Minutensteak
- 4 rote Paprikaschoten
- 500 g Feldsalat
- 1 Dose Mais
- 100 g schwarze Oliven (entkernt)
- 1 Schuss Olivenöl
- Salz und Pfeffer
- Öl zum Braten

Zubereitung:

1. In einer Pfanne etwas Öl erhitzen, das Fleisch medium braten und aus der Pfanne nehmen.
2. Nun die Avocados halbieren, entkernen und das Fruchtfleisch in Streifen schneiden.
3. Die Paprikaschoten waschen, entkernen und ebenfalls in Streifen schneiden.
4. Den Salat waschen und gründlich putzen.
5. Anschließend den Mais aus der Dose nehmen und waschen.
6. Die Oliven grob hacken.
7. Alle Zutaten in eine Schüssel geben und umrühren.
8. Zum Schluss den Salat gut würzen, mit Fleisch garnieren und servieren.

9. Avocado-Spargel-Salat mit Räucherschinken

Portionen: 4-6 Personen

Zutaten:

- 5 Avocados
- 1 Bund grüner Spargel
- 500 g Feldsalat oder Rucola

- 200 g Räucherschinken (Schwarzwälder Schinken)
- 1 Schuss Olivenöl oder Rapsöl
- Salz und Pfeffer

Zubereitung:

1. Zuerst die Avocados halbieren, entkernen und das Fruchtfleisch grob hacken.
2. Den Spargel putzen, die Enden abbrechen und in Stücke schneiden.
3. Nun den Salat waschen und gründlich putzen.
4. Anschließend den Schinken in grobe Stücke schneiden.
5. Alle Zutaten in eine Schüssel geben und umrühren.
6. Öl hinzufügen, gut würzen und servieren.

10. Avocado-Speck-Salat mit Ei

Portionen: 4-6 Personen

Zutaten:

- 5 Avocados
- 250 g Schinkenwürfel
- 6 Eier
- 500 g Feldsalat
- 300 g Naturjoghurt

- 200 g Creme fraiche
- 1 Schuss Milch
- Fett oder Öl zum Braten
- Salz und Pfeffer

Zubereitung:

1. Als Erstes die Eier hart kochen, abschrecken, schälen und erkalten lassen.
2. Nun die Avocado halbieren, entkernen und das Fruchtfleisch grob würfeln.
3. Den Salat waschen und putzen.
4. In einer Pfanne etwas Fett erhitzen und die Schinkenwürfel krossbraten.
5. Joghurt, Creme fraiche und Milch vorab miteinander vermischen und umrühren.
6. Nun die Eier in grobe Stücke schneiden.
7. Alle Zutaten in eine Schüssel geben und gut umrühren.
8. Zum Schluss würzen und servieren.

11. Avocado-Speck-Salat mit Joghurt-Kräuter-Dressing

Portionen: 4-6 Personen

Zutaten:

- 6 Avocados
- 2 Schalotten
- 300 g Schinkenwürfel
- 1 Dose Kichererbsen

Für das Dressing:

- 400 g Naturjoghurt
- 1 Handvoll glatte Petersilie
- 1 Handvoll frischen Koriander
- 1 Schuss Olivenöl
- Saft einer halben Zitrone
- Salz und Pfeffer

Zubereitung:

1. Zuerst die Avocados entkernen und das Fruchtfleisch würfeln.
2. Die Schalotten schälen und ebenfalls würfeln.
3. Nun die Schinkenwürfel in einer Pfanne anbraten und erkalten lassen.
4. Anschließend die Kichererbsen durch ein Sieb geben und mehrmals waschen.
5. Petersilie und Koriander sehr fein hacken
6. Für das Dressing werden die oben genannten Zutaten miteinander vermischt und cremig gerührt.
7. Zum Schluss alle Zutaten in eine Schüssel geben, umrühren und servieren.

12. Avocado-Tomaten-Salat mit Schinkenwürfe

Portionen: 4-6 Personen

Zutaten:

- 4 Avocados
- 15 Cherrytomaten/ Kirschtomaten
- 2 Schalotten

- 125-150 g Schinkenwürfel
- 1 Schuss Rapsöl
- Salz und Pfeffer
- Butter zum Braten

Zubereitung:

1. Als Erstes die Avocados halbieren, den Kern entfernen und das Fruchtfleisch würfeln.
2. Die Tomaten waschen, vom Strunk entfernen und halbieren.
3. Nun die Schalotten schälen und in hauchdünne Ringe schneiden.
4. In einer Pfanne etwas Butter erhitzen und die Speckwürfel krossbraten.
5. Anschließend alle Zutaten in eine Schüssel geben, gut würzen, Öl hinzufügen und servieren.

13. Barbeque-Steak-Salat

Portionen: 4-6 Personen

Zutaten:

- 600 g Rinderfilet (Alternativ auch 6 Scheiben Rinder-Minutensteak)
- Öl zum Braten
- 1 Pck. Spiralnudeln
- 1 Dose Mais
- 1 Dose Kidneybohnen
- 2 Schalotten

Für das Dressing:

- 1 Glas Barbeque-Sauce
- 3 EL Tomatenketchup
- 2 TL Senf
- 2 EL Worcester Sauce
- 200 ml Wasser
- 3 EL Honig oder Agavendicksaft
- Salz und Pfeffer

Zubereitung:

1. Zuerst das Fleisch putzen und in Stücke schneiden.
2. In einer Pfanne etwas Öl erhitzen, das Fleisch darin braten und abkühlen lassen.
3. Währenddessen die Nudeln in Salzwasser gar kochen und ebenfalls erkalten lassen.
4. Mais und Kidneybohnen durch ein Sieb geben und mehrmals waschen.
5. Nun die Schalotten schälen und in feine Ringe schneiden.
6. Für das Dressing alle oben genannten Zutaten miteinander vermengen und cremig rühren.
7. Zum Schluss alle Zutaten in eine Schüssel geben, umrühren und servieren.

14. Blumenkohl-Brokkoli-Salat mit Joghurt und Schinkenwurst

Portionen: 4-6 Personen

Zutaten:

- 750 g Tiefkühl-Brokkoli
- 750 g Tiefkühl-Blumenkohl
- 750 g Naturjoghurt
- 150 g Creme fraiche
- 5 Scheiben Schinkenwurst
- Salz und Pfeffer

Zubereitung:

1. Zuerst Brokkoli und Blumenkohl in einen großen Topf, mit Wasser, geben, gar kochen und erkalten lassen.
2. In der Zwischenzeit Naturjoghurt und Creme fraiche miteinander vermischen und leicht cremig rühren.
3. Die Schinkenwurst in der Mitte durchschneiden und anschließend in Streifen.
4. Alle Zutaten nun in eine große Salatschüssel geben und umrühren.
5. Zum Schluss kräftig würzen und servieren.

15. Blumenkohl-Salat mit Schweinefiletspitzen und Pinienkerne

Portionen: 4-6 Personen

Zutaten:

- 1 Kopf frischen Blumenkohl
- 600 g Schweinefilet
- 70 g Pinienkerne
- Fett zum Braten
- 2 Schalotten
- 1 Dose Mais
- 150 ml Speiseöl
- 2 Knoblauchzehen
- Saft einer halben Zitrone
- Salz und Pfeffer

Zubereitung:

1. Als Erstes das Fleisch putzen und in kleine Stücke schneiden.
2. In einer Pfanne etwas Fett erhitzen, das Fleisch darin braten und erstmal beiseitestellen.
3. Den Blumenkohl in kleine Röschen schneiden, in Salzwasser gar kochen und abkühlen lassen.
4. Währenddessen die Schalotten schälen und in Ringe schneiden.
5. Die Pinienkerne in einer Pfanne anrösten.
6. Nun den Mais durch ein Sieb geben und mehrmals waschen.
7. Anschließend den Knoblauch schälen und fein zerdrücken.
8. Öl, Zitronensaft und Knoblauch vorab miteinander vermischen und umrühren.
9. Zum Schluss alle Zutaten in eine Schüssel geben, umrühren und servieren.

16. Blumenkohl-Spargel-Salat mit Schweinefilet

Portionen: 4-6 Personen

Zutaten:

- 1 Kopf Blumenkohl
- 1 Bund grüner Spargel
- 500 g Schweinefilet
- 350 g Naturjoghurt

- 1 Schuss Olivenöl
- Salz und Pfeffer
- Öl zum Braten

Zubereitung:

1. Zuerst den Blumenkohl putzen und in kleine Röschen schneiden.
2. In einem großen Topf Wasser füllen, den Blumenkohl bissfest kochen und abkühlen lassen.
3. In der Zwischenzeit das Fleisch putzen, vom Fett entfernen und in Streifen schneiden.
4. In einer Pfanne etwas Öl erhitzen, das Fleisch gründlich durchbraten und abkühlen.
5. Alle Zutaten in eine Schüssel geben und umrühren.
6. Öl hinzufügen, gut würzen und servieren.

17. Blumenkohl-Tomaten-Salat mit Speck

Portionen: 4-6 Personen

Zutaten:

- 1 Kopf Blumenkohl
- 750 g Fleischtomaten
- 250g Schinkenwürfel

- 1 Schuss Olivenöl
- Salz und Pfeffer
- Öl zum Frittieren und Braten

Zubereitung:

1. Zuerst den Blumenkohl putzen, in kleine Röschen schneiden und goldbraun frittieren.
2. Die frittierten Blumenkohlröschen gut salzen und abkühlen lassen.
3. In der Zwischenzeit die Tomaten waschen, vom Strunk entfernen und würfeln.
4. In einer Pfanne etwas Öl erhitzen und die Schinkenwürfel braten.
5. Nun alle Zutaten in eine Schüssel geben und umrühren.
6. Etwas Öl hinzufügen, pfeffern und servieren.

18. Bohnen-Mango-Salat mit Schweinefilet

Portionen: 4-6 Personen

Zutaten:

- 2 Dosen weiße Bohnen (vorgekocht)
- 600 g Schweinefilet
- 3 Mangos
- 2 Schalotten
- 3 Avocados
- Öl zum Braten

Für das Dressing:

- 250 ml Speiseöl
- 6 EL Balsamico
- 2 EL Agavendicksaft
- 3 TL mittelscharfer Senf
- Salz und Pfeffer

Zubereitung:

1. Als Erstes das Fleisch putzen und in Würfel schneiden.
2. In einer Pfanne etwas Öl erhitzen, das Fleisch darin braten und servieren.
3. Währenddessen die Bohnen durch ein Sieb geben und mehrmals waschen.
4. Nun die Mangos schälen, das Fruchtfleisch vom Kern entfernen und in Stücke schneiden.
5. Anschließend die Avocados entkernen und das Fruchtfleisch ebenfalls würfeln.
6. Danach die Zwiebeln schälen und in Ringe schneiden.
7. Für das Dressing alle oben genannten Zutaten miteinander vermengen und umrühren.
8. Zum Schluss alle Zutaten erneut umrühren und servieren.

19. Bohnen-Steak-Salat

Portionen: 4-6 Personen

Zutaten:

- 2 Pck. Prinzessbohnen
- 3 Scheiben Rumpsteak
- 10 Cherrytomaten/ Kirschtomaten

- 3 Schalotten
- 1 Schuss Olivenöl
- Salz und Pfeffer
- Öl und Butter zum Braten

Zubereitung:

1. Die Bohnen putzen, in Salzwasser kochen, abschrecken und halbieren.
2. In einer Pfanne etwas Öl und Butter erhitzen, das Fleisch medium braten und in Streifen schneiden.
3. Nun die Tomaten waschen und halbieren.
4. Anschließend die Schalotten schälen und in Ringe schneiden.
5. Alle Zutaten in eine Schüssel geben und vorsichtig umrühren.
6. Öl hinzufügen, gut würzen und servieren.

20. Bohnen-Würstchen-Salat

Portionen: 4-6 Personen

Zutaten:

- 2 Dosen weiße Bohnen
- 6 Wiener Würstchen (Geflügel oder Schwein)
- 3 Gewürzgurken
- 2 Zwiebeln
- 3 Knoblauchzehen
- 1 Schuss Olivenöl oder Rapsöl
- Salz und Pfeffer

Zubereitung:

1. Die Dosen durch ein Sieb geben und gründlich waschen.
2. Würstchen und Gurken in feine Scheiben schneiden.
3. Nun die Zwiebeln schälen und in kleine Würfel schneiden.
4. Anschließend den Knoblauch schälen und fein hacken.
5. Alle Zutaten in eine Schüssel geben und umrühren.
6. Zum Schluss Öl hinzufügen, gut würzen und servieren.

21. Brokkoli-Hähnchen-Salat mit Pinienkerne

Portionen: 4-6 Personen

Zutaten:

- 1 Kopf Brokkoli
- 600 g Hähnchenbrustfilet
- 60 g Pinienkerne
- 1 Dose Mais

- 500 g Naturjoghurt
- Salz und Pfeffer
- Fett zum Braten

Zubereitung:

1. Zuerst den Brokkoli putzen, in kleine Röschen schneiden und in Salzwasser gar kochen. Anschließend abkühlen lassen.
2. Nun das Fleisch putzen, würfeln und in einer Pfanne braten.
3. Den Mais durch ein Sieb geben und mehrmals waschen.
4. Zum Schluss alle Zutaten in eine Schüssel geben, umrühren und servieren.

22. Brokkoli-Steak-Salat

Portionen: 4-6 Personen

Zutaten:

- 1 Kopf Brokkoli
- 7 Scheiben Rinder-Minutensteaks
- 2 Schalotten
- 1 Dose Mais
- 1 Dose Kidneybohnen
- Fett oder Öl zum Braten
- 1 Schuss Speiseöl
- Salz und Pfeffer

Zubereitung:

1. Zuerst den Brokkoli in Röschen schneiden, in Salzwasser knackig kochen und erkalten lassen.
2. Nun das Fleisch putzen und in einer Pfanne braten. Anschließend ebenfalls abkühlen lassen.
3. Mais und Bohnen durch ein Sieb geben und mehrmals waschen.
4. Die Schalotten schälen und in Ringe schneiden.
5. Zum Schluss alle Zutaten in eine Schüssel geben, umrühren und servieren.

23. Brotsalat mit Rindfleisch

Portionen: 4-6 Personen

Zutaten:

- 8 Scheiben Weißbrot oder Toastbrot
- 3 Scheiben Rumpsteak
- 600 g Rucola
- 1 Handvoll getrocknete Tomaten
- 1 kleines Bund glatte Petersilie
- 2 Knoblauchzehen
- 2 Schalotten
- 1 Schuss Olivenöl
- Salz und Pfeffer
- Öl zum Braten

Zubereitung:

1. Das Brot in Würfel schneiden und dabei die Ränder entfernen.
2. In einer Pfanne etwas Öl erhitzen, das Fleisch darin medium braten und in feine Streifen schneiden.
3. Die Brotwürfel in einer weiteren Pfanne goldbraun anrösten und beiseitestellen.
4. Nun den Rucola waschen und putzen.
5. Die getrockneten Tomaten grob hacken.
6. Anschließend die Petersilie waschen und sehr fein hacken.
7. Den Knoblauch schälen und in sehr feine Scheiben schneiden.
8. Nun die Schalotten schälen und in Ringe schneiden.
9. Rucola, Tomaten, Petersilie, Knoblauch, Fleisch und Schalotten in eine Schüssel geben und umrühren.
10. Zum Schluss Öl hinzufügen, gut würzen, mit Brot garnieren und servieren.

24. Bulgur-Dattel-Salat mit Kalbsfleisch

Portionen: 4-6 Personen

Zutaten:

- 3 Tassen feiner Bulgur
- 5 Datteln
- 4 Birnen
- 3 große Scheiben Kalbsschnitzel
- Fett zum Braten
- 200 ml Speiseöl
- Salz und Pfeffer

Zubereitung:

1. Zuerst das Fleisch putzen, in feine Streifen schneiden und in einer Pfanne braten. Anschließend erkalten lassen.
2. Nun den Bulgur waschen, mit etwa 150ml Wasser vermengen und für etwa 15 Minuten quellen lassen.
3. Anschließend die Birnen schälen, entkernen und in kleine Würfel schneiden.
4. Die Datteln entkernen und grob hacken.
5. Alle Zutaten in eine Schüssel geben und umrühren.
6. Zum Schluss abschmecken und servieren.

25. Bulgur-Feldsalat mit Crispy Chicken

Portionen: 4-6 Personen

Zutaten:

- 4 Tassen grobkörniger Bulgur
- 2 Pck. Feldsalat
- 500 g Hähnchenbrustfilet
- 2-3 Eier
- Semmelbrösel

- 4 Avocados
- 2 Schalotten
- 1 Schuss Speiseöl
- Fett zum Braten
- Salz und Pfeffer

Zubereitung:

1. Als Erstes das Fleisch in Streifen schneiden und kräftig würzen.
2. Eier verquirlen und in ein tiefes Gefäß geben.
3. Semmelbrösel ebenfalls in ein tiefes Gefäß geben.
4. Das Fleisch erst in die Eier wenden und anschließend mit Semmelbrösel bedecken.
5. Nun alle Filetstreifen in Fett braten und abkühlen lassen.
6. Währenddessen den Feldsalat waschen und putzen.
7. Nun die Schalotten schälen, halbieren und in Streifen schneiden.
8. Die Avocados entkernen und das Fruchtfleisch würfeln.
9. Alle Zutaten, außer das Fleisch, in eine Schüssel geben und umrühren.
10. Zum Schluss mit Crispy Chicken garnieren und servieren.

26. Bulgur-Süßkartoffel-Salat mit Putenfilet

Portionen: 4-6 Personen

Zutaten:

- 3 Tassen grobkörniger Bulgur
- 1 Hokkaido-Kürbis
- 500 g Putenbrustfilet
- 1 Handvoll glatte Petersilie
- 1 Schuss Olivenöl
- Salz und Pfeffer
- Öl zum Braten

Zubereitung:

1. Zuerst den Ofen auf 200 Grad vorheizen.
2. Den Bulgur verlesen, waschen und in Salzwasser gar kochen.
3. Währenddessen den Kürbis schälen, entkernen und in Stücke schneiden.
4. Nun den Kürbis auf ein Backblech legen, mit Olivenöl einpinseln, gut würzen und für etwa 45 Minuten backen.
5. In der Zwischenzeit das Fleisch putzen und in Würfel schneiden.
6. Anschließend in einer Pfanne etwas Öl erhitzen und das Fleisch darin braten.
7. Die Petersilie waschen und fein hacken.
8. Zum Schluss alle Zutaten in eine Schüssel geben, umrühren und servieren.

27. Bunter Salat mit Schweinefleisch

Portionen: 4-6 Personen

Zutaten:

- 2 Pck. Feldsalat
- 2 rote Paprikaschoten
- 1 gelbe Paprikaschote
- 1 Salatgurke
- 500 g Schweinefilet

- 1 Schuss Speiseöl
- Saft einer halben Zitrone
- Öl zum Braten
- Salz und Pfeffer

Zubereitung:

1. Zuerst das Fleisch in Stücke schneiden und in einer Pfanne braten.
2. Währenddessen die Paprikaschoten waschen, entkernen und in Streifen schneiden.
3. Nun die Gurke waschen und würfeln.
4. Anschließend alle Zutaten in eine Schüssel geben und umrühren.
5. Zum Schluss abschmecken und servieren.

28. Champignon-Speck-Salat

Portionen: 4-6 Personen

Zutaten:

- 1 Dose weiße Bohnen (vorgekocht)
- 500 g braune Champignons
- 3 Schalotten
- 350 g Speck am Stück
- 1 Handvoll glatte Petersilie
- 200 ml Speiseöl
- Saft einer halben Zitrone
- 2 Knoblauchzehen
- Salz und Pfeffer

Zubereitung:

1. Zuerst die Bohnen durch ein Sieb geben und mehrmals waschen.
2. Die Champignons putzen und in feine Streifen schneiden.
3. Nun die Schalotten schälen und in dünne Ringe schneiden.
4. Speck in eine Pfanne geben und anbraten.
5. Anschließend die Petersilie waschen und fein hacken.
6. Den Knoblauch schälen, fein zerdrücken und mit Zitronensaft und Öl vermischen.
7. Zum Schluss alle Zutaten in eine Schüssel geben, umrühren und servieren.

29. Cremiger Lachs-Avocado-Salat mit Koriander (scharf)

Portionen: 4-6 Personen

Zutaten:

- 400 g Räucherlachs
- 5 Avocados
- 1 Handvoll frischen Koriander
- 1 Handvoll glatte Petersilie
- 3 TL Meerrettich Paste
- 1 TL Chili Flakes
- 200 g Ricotta Käse
- 400 g Naturjoghurt
- Saft einer Zitrone
- Salz und Pfeffer

Zubereitung:

1. Als Erstes den Lachs in Stücke schneiden.
2. Die Avocados entkernen und das Fruchtfleisch würfeln.
3. Petersilie und Koriander waschen und fein hacken.
4. Ricotta, Joghurt und Meerrettich vorab miteinander vermischen und cremig rühren.
5. Zum Schluss alle Zutaten in eine Schüssel geben, umrühren und servieren.

Portionen: 4-6 Personen

Zutaten:

- 6 Rostbratwürstchen
- 1 Blumenkohlkopf
- 200 g Creme fraiche
- 400 g Naturjoghurt
- Salz und Pfeffer
- Fett zum Braten

Zubereitung:

1. Als Erstes den Blumenkohl putzen, in Röschen schneiden und in Salzwasser knackig kochen.
2. Nun die Rostbratwürstchen in Fett braten und in Stücke schneiden.
3. Zum Schluss alle Zutaten in eine Schüssel geben, umrühren und servieren.

31. Couscoussalat mit Nordseekrabben

Portionen: 4-6 Personen

Zutaten:

- 2 Tassen grobkörniger Couscous
- 200 g Nordseekrabben
- 2 Schalotten

- 1 Handvoll glatte Petersilie
- 2 Frühlingszwiebeln
- 10 Cherrytomaten

Für das Dressing:

- 300 g Naturjoghurt
- 2 EL Creme fraiche

- 1 Schuss Olivenöl
- Salz und Pfeffer

Zubereitung:

1. Als Erstes den Couscous verlesen, waschen und in Salzwasser gar kochen.
2. Nun die Schalotten schälen und in Würfel schneiden.
3. Anschließend die Petersilie waschen und fein hacken.
4. Die Frühlingszwiebeln schälen, waschen und in Röllchen schneiden.
5. Danach die Tomaten waschen und halbieren.
6. Für das Dressing werden alle Zutaten vorab miteinander vermengt, umgerührt und zum Salat gegeben.
7. Zum Schluss alle Zutaten in eine Schüssel geben, umrühren und servieren.

32. Deftiger Kartoffelsalat mit Kalbsfleisch

Portionen: 4-6 Personen

Zutaten:

- 750-1000 g Kartoffeln
- 250 g Schinkenwürfel
- 1 Tasse vorgekochte Erbsen
- 4 Kalbsschnitzel
- 6 Schnittlauchhalme
- 250 g Creme fraiche
- 350 g Naturjoghurt
- Salz und Pfeffer
- Öl zum Braten

Zubereitung:

1. Zuerst die Kartoffeln schälen, in Salzwasser, gar kochen und abkühlen lassen.
2. In einer Pfanne etwas Öl erhitzen und die Schinkenwürfel krossbraten.
3. Nun das Fleisch putzen und gut würzen.
4. In einer weiteren Pfanne erneut Öl erhitzen, das Fleisch gut durchbraten und in Streifen schneiden.
5. Schnittlauch waschen und in feine Röllchen schneiden.
6. Anschließend die Kartoffeln in Scheiben schneiden.
7. Alle Zutaten nun in eine große Salatschüssel geben und gut umrühren.
8. Zum Schluss nochmals würzen und servieren.

33. Deftiger Kohl-Salat mit Speck

Portionen: 4-6 Personen

Zutaten:

- 1 Kopf Weißkohl
- 3 Karotten
- 300 g Schinkenwürfel
- Öl zum Braten
- 2 Schalotten

- 150 g Creme fraiche
- 300 g Naturjoghurt
- 100 ml Buttermilch
- 2TL Honig
- Salz und Pfeffer

Zubereitung:

1. Zuerst den Weißkohl putzen und mit einer Reibe fein zerkleinern.
2. Die Karotten schälen und ebenfalls mit einer Reibe zerkleinern.
3. Nun die Schinkenwürfel in einer Pfanne braten und erkalten lassen.
4. Anschließend die Schalotten fein würfeln.
5. Creme fraiche, Joghurt und Buttermilch vorab miteinander vermengen und cremig rühren.
6. Zum Schluss alle Zutaten in eine Schüssel geben, umrühren und servieren.

34. Feigen-Spinat-Salat mit Speck und Nüssen

Portionen: 4-6 Personen

Zutaten:

- 5 frische Feigen
- 1 Pck. Babyspinat
- 300 g Speck am Stück
- 1 Handvoll Walnüsse oder Macadamia-Nüsse
- 200 ml Speiseöl
- 3 EL Agavendicksaft
- Fett zum Braten
- Pfeffer

Zubereitung:

1. Zuerst den Speck in Stücke schneiden, in einer Pfanne braten und erkalten lassen.
2. Nun den Spinat waschen.
3. Anschließen die Feigen putzen und in kleine Stücke schneiden.
4. Die Nüsse grob hacken.
5. Alle Zutaten in eine Schüssel geben und umrühren.
6. Zum Schluss abschmecken und servieren.

35. Feiner Lachs-Salat mit Meerrettich-Dill-Dressing

Portionen: 4-6 Personen

Zutaten:

- 400 g Räucherlachs
- 1 Pck. Babyspinat
- 400 g Naturjoghurt
- 200 g Creme fraiche
- 2 TL Meerrettich-Paste
- etwas frischen Dill
- Saft einer halben Zitrone
- Salz und Pfeffer

Zubereitung:

1. Zuerst den Spinat waschen.
2. Den Lachs in kleine Stücke schneiden.
3. Anschließend Joghurt, Creme fraiche und Meerrettich miteinander vermischen und cremig rühren.
4. Nun den frischen Dill waschen und sehr fein hacken.
5. Zum Schluss alle Zutaten in eine Schüssel geben, umrühren und servieren.

36. Fenchel-Hähnchen-Salat

Portionen: 4-6 Personen

Zutaten:

- 3 Fenchelknollen
- 650 g Hähnchenbrustfilet
- 2 Pck. Babyspinat
- 3 gelbe Paprikaschoten
- 2 Schalotten

- 1 Schuss Olivenöl
- Saft einer Zitrone
- Salz und Pfeffer
- Öl zum Braten

Zubereitung:

1. Zuerst den Fenchel waschen, putzen und in Scheiben schneiden.
2. In einer Pfanne etwas Öl erhitzen, den Fenchel darin leicht anbraten und abkühlen lassen.
3. Nun das Fleisch putzen und in Streifen schneiden.
4. In einer weiteren Pfanne erneut Öl erhitzen, das Fleisch darin durchbraten und ebenfalls abkühlen lassen.
5. Nun den Spinat waschen und putzen.
6. Die Paprikaschoten waschen, entkernen und in Streifen schneiden.
7. Nun die Schalotten schälen und in Ringe schneiden.
8. Alle Zutaten in eine Schüssel geben und umrühren.
9. Öl und Zitronensaft vermischen, über den Salat geben, nochmals würzen und servieren.

37. Fenchel-Kartoffel-Salat mit Speck

Portionen: 4-6 Personen

Zutaten:

- 750 g Kartoffeln
- 2-3 Fenchelknollen
- 200 g Schinkenwürfel
- Öl zum Braten
- 1 Schuss Rapsöl
- Salz und Pfeffer

Zubereitung:

1. Zuerst die Kartoffeln schälen, in Salzwasser, gar kochen und abkühlen lassen.
2. Den Fenchel gründlich putzen und in Scheiben schneiden.
3. In einer Pfanne etwas Öl erhitzen und die Speckwürfel krossbraten.
4. Nun die Kartoffeln in Stücke oder Scheiben schneiden.
5. Alle Zutaten in eine Schüssel geben und gut umrühren.
6. Zum Schluss gut würzen, Öl hinzufügen und servieren.

38. Fenchelsalat mit Räucherspeck

Portionen: 4-6 Personen

Zutaten:

- 4 Fenchelknollen
- 500 g Rucola oder Feldsalat
- 3 Schalotten
- 200 g Schwarzwälder Schinken
- 1 Schuss Rapsöl
- Salz und Pfeffer

Zubereitung:

1. Als Erstes den Fenchel waschen, gründlich säubern und in Stücke schneiden.
2. Salat waschen und putzen.
3. Nun die Schalotten schälen und in Ringe schneiden.
4. Anschließend den Schinken in Stücke schneiden.
5. Alle Zutaten in eine Schüssel geben und umrühren.
6. Zum Schluss etwas Öl hinzufügen, gut würzen und servieren.

39. Feta-Scampi-Salat mit Kräutern

Portionen: 4-6 Personen

Zutaten:

- 400 g Fetakäse
- 700 g Großgarnelen (geschält)
- 2 Frühlingszwiebeln
- 2 Knoblauchzehen
- Saft einer Zitrone
- 1 Schuss Rapsöl
- Öl zum Braten
- Salz und Pfeffer

Zubereitung:

1. Zuerst die Garnelen waschen und trockentupfen.
2. In einer Pfanne Öl erhitzen, die Garnelen anbraten und mit Zitronensaft ablöschen.
3. Fetakäse in Würfel schneiden.
4. Nun die Frühlingszwiebeln schälen, waschen und in feine Röllchen schneiden.
5. Den Knoblauch schälen und in feine Scheiben schneiden.
6. Anschließend alle Zutaten in eine Schüssel geben und umrühren.
7. Zum Schluss abschmecken und servieren.

40. Frischer Feldsalat mit Garnelen

Portionen: 4-6 Personen

Zutaten:

- 750-1000 g Tiefkühl-Großgarnelen
- 700 g Feldsalat
- 15 Kirschtomaten/ Cherrytomaten

- 1 Schuss Olivenöl
- 3 Knoblauchzehen
- Saft einer Zitrone
- Öl zum Braten
- Salz und Pfeffer

Zubereitung:

1. Zuerst die Garnelen langsam auftauen lassen, gründlich säubern und erstmal beiseitestellen.
2. In der Zwischenzeit den Salat gründlich waschen und putzen.
3. Nun die Tomaten waschen, vom Strunk entfernen und halbieren.
4. Den Knoblauch schälen und sehr fein zerdrücken.
5. In einer Pfanne etwas Öl erhitzen und den Knoblauch darin leicht anbraten.
6. Garnelen hinzufügen, regelmäßig umrühren, gut würzen und mit Zitronensaft ablöschen.
7. Alle Zutaten nun in eine Schüssel geben und gut vermischen.
8. Olivenöl hinzufügen, eventuell nochmals würzen und servieren.

41. Frischer Feldsalat mit Schwarzwälder Schinken

Portionen: 4-6 Personen

Zutaten:

- 2 Pck. Feldsalat
- 2 rote Paprikaschoten
- 2 rote Paprikaschoten
- 1 kleine Dose Mais

- 1 Pck. Schwarzwälder Schinken
- 150 ml Speiseöl
- Salz und Pfeffer

Zubereitung:

1. Als Erstes den Feldsalat waschen, putzen und grob hacken.
2. Den Schinken in Stücke schneiden.
3. Nun die Paprikaschoten waschen, entkernen und in schmale Streifen schneiden.
4. Anschließend den Mais durch ein Sieb geben und mehrmals waschen.
5. Zum Schluss alle Zutaten in eine Schüssel, umrühren und servieren.

42. Frühlingssalat mit Schweinefilet

Portionen: 4-6 Personen

Zutaten:

- 500 g Feldsalat
- 300 g Rucola
- 200 g braune Champignon
- 2 Schalotten

- 650 g Schweinefilet
- 1 Schuss Olivenöl
- Salz und Pfeffer
- Öl zum Braten

Zubereitung:

1. Als Erstes das Fleisch säubern, vom Fett entfernen und in Streifen schneiden.
2. In einer Pfanne etwas Öl erhitzen und das Fleisch gründlich braten.
3. Rucola und Feldsalat waschen und putzen.
4. Nun die Champignons putzen und in feine Scheiben schneiden.
5. Anschließend die Schalotten schälen und in feine Ringe schneiden.
6. Alle Zutaten, außer Champignon und Fleisch, in eine Schüssel geben und umrühren.
7. Zum Schluss Öl hinzufügen, würzen, mit Champignon und Fleisch garnieren und servieren.

43. Garnelen-Pasta-Salat mit Pesto-Sauce

Portionen: 4-6 Personen

Zutaten:

- 750 g Großgarnelen (geschält)
- 1 Pck. Penne Nudeln

- 15 Cherrytomaten
- Öl zum Braten
- Salz und Pfeffer

Für das Dressing:

- 1 Handvoll Babyspinat
- 1 Handvoll frischen Koriander
- 1 Handvoll glatte Petersilie

- 70 g Pinienkerne
- 200 ml Olivenöl oder Speiseöl
- Salz und Pfeffer

Zubereitung:

1. Zuerst die Garnelen waschen und in Stücke schneiden.
2. In einer Pfanne etwas Öl erhitzen, die Garnelen braten und beiseitestellen.
3. Währenddessen die Nudeln in Salzwasser gar kochen und abkühlen lassen.
4. Nun die Tomaten waschen und halbieren.
5. Koriander, Petersilie und Babyspinat waschen und grob hacken.
6. Für das Dressing nun alle oben genannten Zutaten in einen Mixer geben und cremig pürieren.
7. Zum Schluss alle Zutaten in eine Schüssel geben, umrühren und servieren.

44. Gemischter Feldsalat mit Orangen und Pute

Portionen: 4-6 Personen

Zutaten:

- 700 g Feldsalat
- 6 Orangen
- 500 g Putenbrustfilet
- 3 Karotten
- 1 Salatgurke

- 1 Schuss Olivenöl
- 2 Orangen für das Dressing
- Salz und Pfeffer
- Öl zum Braten

Zubereitung:

1. Zuerst das Fleisch putzen und in Streifen schneiden.
2. In einer Pfanne etwas Öl erhitzen, das Fleisch goldbraun braten und abkühlen lassen.
3. Nun die Orangen schälen und filetieren.
4. Die zwei weiteren Orangen halbieren, auspressen und erstmal beiseitestellen.
5. In der Zwischenzeit die Karotten schälen und in Scheiben schneiden.
6. Nun die Gurke waschen und ebenfalls in Scheiben schneiden.
7. Anschließend alle Zutaten in eine große Schüssel geben und vermischen.
8. Olivenöl, Orangensaft, Salz und Pfeffer vorab miteinander vermengen, über den Salat geben und servieren.

45. Gemischter Puten-Salat mit Balsamico-Senf-Dressing

Portionen: 4-6 Personen

Zutaten:

- 700 g Putenbrustfilet
- 2 Pck. Feldsalat
- 3 Schalotten

- 200-250 g braune Champignons
- 500 g Fleischtomaten
- Öl zum Braten

Für das Dressing:

- 150 ml Rapsöl
- 5-6 EL Balsamico

- 2 TL mittelscharfer Senf
- Salz und Pfeffer

Zubereitung:

1. Zuerst das Fleisch putzen, in feine Streifen schneiden und in einer Pfanne goldbraun braten.
2. Feldsalat waschen und putzen.
3. Nun die Schalotten schälen und in Ringe schneiden.
4. Die Champignons putzen und in dünne Scheiben schneiden.
5. Anschließend die Tomaten waschen, vom Strunk entfernen und würfeln.
6. Für das Dressing werden die oben genannten Zutaten miteinander vermischt und umgerührt.
7. Alle Zutaten, ohne die Pilze, in eine Schüssel geben und umrühren.
8. Zum Schluss Dressing hinzufügen, mit Champignon garnieren und servieren.

46. Gemischter Salat mit Chicken Nuggets

Portionen: 4-6 Personen

Zutaten:

- 2 Pck. Feldsalat
- 2 rote Paprikaschoten
- 2 gelbe Paprikaschoten
- 4 Fleischtomaten

- ½ Salatgurke
- 5 braune Champignons
- 500 g Naturjoghurt

Für die Nuggets:

- 400 g Hähnchen-Innenfilet
- 2 Eier

- Semmelbrösel
- Salz und Pfeffer

Zubereitung:

1. Als Erstes das Fleisch putzen und kräftig würzen.
2. Eier aufschlagen und in einem tiefen Gefäß verquirlen.
3. Die Semmelbrösel in ein anderes Gefäß geben.
4. Nun das Fleisch erst in die Eiermischung geben und danach mit Semmelbrösel bedecken.
5. Die Nuggets nun frittieren und abkühlen lassen.
6. In der Zwischenzeit den Salat waschen und putzen.
7. Paprikaschoten waschen, entkernen und in schmale Streifen schneiden.
8. Nun die Fleischtomaten waschen, vom Strunk entfernen und würfeln.
9. Die Salatgurke waschen und ebenfalls würfeln.
10. Anschließend die Champignons putzen und in feine Scheiben schneiden.
11. Zum Schluss alle Zutaten in eine Schüssel geben, umrühren und servieren.

47. Gemischter Salat mit Garnelen (scharf)

Portionen: 4-6 Personen

Zutaten:

- 750 g Großgarnelen (geschält)
- 1 Pck. Babyspinat
- 1 Pck. Feldsalat
- 2 gelbe Paprikaschoten
- 1-2 EL Harissa-Paste
- 1 Handvoll glatte Petersilie
- Öl zum Braten
- 1 Schuss Speiseöl
- Saft einer Zitrone
- Salz und Pfeffer

Zubereitung:

1. Zuerst die Garnelen waschen und trocken tupfen.
2. In einer Pfanne Öl erhitzen, die Garnelen darin braten und abkühlen lassen.
3. Feldsalat und Babyspinat waschen und putzen.
4. Nun die Paprikaschoten waschen, entkernen und in schmale Streifen schneiden.
5. Anschließend die Petersilie waschen und fein hacken.
6. Harissa-Paste und Öl vorab verrühren.
7. Zum Schluss alle Zutaten miteinander vermengen und umrühren.

48. Gemischter Salat mit Schweinefilet

Portionen: 4-6 Personen

Zutaten:

- 500 g Schweinefilet
- 2 Köpfe Eisbergsalat
- 3 gelbe Paprikaschoten
- 2 rote Paprikaschoten
- 1 Salatgurke
- 1 Schuss Rapsöl
- Saft einer Zitrone
- Salz und Pfeffer
- Öl zum Braten

Zubereitung:

1. Als Erstes das Schweinefilet säubern, das Fett entfernen und in Scheiben schneiden.
2. In einer Pfanne etwas Öl erhitzen, das Fleisch gut durchbraten und in Streifen schneiden.
3. In der Zwischenzeit den Salat waschen und zurecht zupfen.
4. Paprikaschoten waschen, entkernen und in Streifen schneiden.
5. Anschließend die Gurke putzen, längs halbieren und in Stücke schneiden.
6. Alle Zutaten in eine Schüssel geben und gut umrühren.
7. Öl hinzufügen, gut würzen und servieren.

49. Gemischter Spinat-Salat mit Parmaschinken

Portionen: 4-6 Personen

Zutaten:

- 1 Pck. Babyspinat
- 100-150 g Parmaschinken in Scheiben/Streifen
- 350 g Hirtenkäse
- 70 g schwarze Oliven (entkernt)
- 1 Schuss Speiseöl
- Salz und Pfeffer

Zubereitung:

1. Als Erstes den Spinat waschen.
2. Parmaschinken in Stücke schneiden.
3. Nun den Käse würfeln.
4. Zum Schluss alle Zutaten in eine Schüssel geben, umrühren und servieren.

50. Glasnudelsalat mit Garnelen und Sojadressing

Portionen: 4-6 Personen

Zutaten:

- 1 Pck. Glasnudeln
- 3 Köpfe Pak Choi
- 2 Karotten

- 750 g Großgarnelen (geschält)
- 1 Handvoll Sprossen
- Öl zum Braten

Für das Dressing:

- 200 ml Speiseöl
- 3 EL Sojasauce
- 3 EL Sesamöl

- 2 TL Honig
- Salz und Pfeffer

Zubereitung:

1. Zuerst die Garnelen waschen und in Stücke schneiden.
2. In einer Pfanne etwas Öl erhitzen, die Garnelen braten und abkühlen lassen.
3. Die Glasnudeln mit heißem Wasser übergießen und für etwa 15 Minuten beiseitestellen.
4. Währenddessen den Pok Choi putzen, waschen und in Stücke schneiden.
5. Die Karotten schälen und mit einer Reibe fein zerkleinern.
6. Anschließend die Sprossen waschen und putzen.
7. Für das Dressing werden alle oben genannten Zutaten miteinander vermischt und umgerührt.
8. Zum Schluss alle Zutaten in eine Schüssel geben, umrühren und servieren.

51. Hackfleisch-Kartoffel-Salat

Portionen: 4-6 Personen

Zutaten:

- 750 g Rinderhackfleisch oder gemischtes Hackfleisch
- 1 Ei
- 750 g Kartoffeln
- 1 Dose vorgekochte Erbsen
- 1 Dose Mais
- 400 g Naturjoghurt
- 200 g Creme fraiche
- Salz und Pfeffer
- Öl zum Braten

Zubereitung:

1. Zuerst das Hackfleisch gut würzen, Ei hinzufügen und gründlich vermischen.
2. Aus dem Hackfleisch kleine Bällchen formen und für etwa 30 Minuten in den Kühlschrank stellen.
3. Währenddessen Erbsen und Mais durch ein Sieb geben und waschen.
4. In einer Pfanne etwas Öl erhitzen, die Bällchen darin gut durchbraten und abkühlen lassen.
5. Anschließend alle Zutaten in eine Schüssel geben und gründlich umrühren.
6. Zum Schluss nochmals würzen und servieren.

52. Hähnchen-Feldsalat mit Joghurt-Dressing

Portionen: 4-6 Personen

Zutaten:

- 500-650 g Hähnchenbrustfilet
- 600 g Feldsalat
- 2 rote Paprikaschoten
- 2 gelbe Paprikaschoten
- Öl zum Braten

Für das Dressing:

- 350 g Naturjoghurt
- 1 Bund glatte Petersilie
- Saft einer halben Zitrone
- 1 Knoblauchzehe
- Salz und Pfeffer

Zubereitung:

1. Zuerst das Fleisch putzen und in Stücke schneiden.
2. Öl in einer Pfanne erhitzen und das Fleisch braten.
3. Währenddessen Feldsalat waschen und putzen.
4. Die Paprikaschote waschen, entkernen und in Streifen schneiden.
5. Nun die Petersilie waschen und sehr fein hacken.
6. Knoblauch schälen und fein zerdrücken.
7. Joghurt, Knoblauch, Petersilie, Salz, Pfeffer und Zitronensaft miteinander vermischen und erstmal kalt stellen.
8. Salat, Paprika und Fleisch in eine große Salatschüssel geben und umrühren.
9. Zum Schluss das Dressing hinzufügen, erneut umrühren und servieren.

53. Hähnchen-Schalotten-Salat mit süßem Orangen-Dressing

Portionen: 4-6 Personen

Zutaten:

- 550 g Hähnchenbrustfilet
- 3 Schalotten
- 2 Pck. Rucola oder Feldsalat
- 4 Orangen für das Dressing
- Saft einer halben Zitrone

- 3 EL Honig
- 1 Schuss Rapsöl
- Salz und Pfeffer
- Öl zum Braten

Zubereitung:

1. Als Erstes das Fleisch putzen, in feine Streifen schneiden und goldbraun braten.
2. Währenddessen die Schalotten schälen und in Ringe schneiden.
3. Rucola waschen und putzen.
4. Für das Dressing werden Honig, Öl, Salz, Pfeffer, Orangen- und Zitronensaft miteinander vermischt und umgerührt.
5. Alle Zutaten nun in eine Schüssel geben und umrühren.
6. Zum Schluss das Dressing hinzufügen und servieren.

54. Hähnchen-Spargel-salat mit Balsamico-Senf-Dressing

Portionen: 4-6 Personen

Zutaten:

- 1 Bund grüner Spargel
- 650 g Hähnchenbrustfilet
- 350 g Rucola
- 350 g Feldsalat
- Öl zum Braten

Für das Dressing:

- 200 ml Rapsöl
- 4-6 EL Balsamico
- 3 TL mittelscharfer Senf
- Salz und Pfeffer

Zubereitung:

1. Als Erstes das Fleisch putzen und in Streifen schneiden.
2. In einer Pfanne etwas Öl erhitzen und das Fleisch, goldbraun, braten.
3. Währenddessen den Spargel säubern, das Ende abknicken und in Stücke schneiden.
4. Rucola und Feldsalat waschen und putzen.
5. In einer weiteren Pfanne etwas Öl erhitzen und den Spargel gut durchbraten.
6. Für das Dressing werden alle oben genannten Zutaten vermischt und gut umgerührt. Nochmals abschmecken und beiseitestellen.
7. Salat, Spargel und Hähnchen in eine große Schüssel geben und gut umrühren.
8. Zum Schluss das Dressing hinzufügen und servieren.

55. Indischer Hähnchen-Salat mit Tomaten

Portionen: 4-6 Personen

Zutaten:

- 700 g Hähnchenbrustfilet
- 7 Fleischtomaten
- 3 Schalotten oder Zwiebeln
- 3 TL Currypulver

- 1 TL Ingwerpulver
- 1 Schuss Olivenöl
- Öl zum Braten
- Salz und Pfeffer

Zubereitung:

1. Als Erstes das Fleisch putzen und in Würfel schneiden.
2. In einer Pfanne etwas Öl erhitzen, das Fleisch braten und erkalten lassen.
3. Anschließend die Tomaten waschen, vom Strunk entfernen und in Würfel schneiden.
4. Nun die Schalotten schälen und in Ringe schneiden.
5. Zum Schluss alle Zutaten miteinander vermengen und servieren.

56. Indischer Hähnchensalat (scharf)

Portionen: 4-6 Personen

Zutaten:

- 500-650 g Hähnchenbrustfilet
- 750 g Feldsalat
- 1 kleine Chilischote
- 150 ml Kokosmilch
- 3 TL Currypulver
- Saft einer halben Limette
- 1 Dose Pfirsiche
- Salz und Pfeffer
- Öl zum Braten

Zubereitung:

1. Das Fleisch putzen und in Stücke schneiden.
2. Die Chilischote waschen, entkernen und in Ringe schneiden.
3. In einer Pfanne etwas Öl erhitzen, Chili und Hähnchen hineingeben und braten.
4. In der Zwischenzeit den Salat waschen und putzen.
5. Pfirsiche aus der Dose nehmen und in Streifen schneiden.
6. Alle Zutaten in eine Salatschüssel geben und umrühren.
7. Für das Dressing werden Kokosöl, Curry, Salz, Pfeffer und Limettensaft miteinander vermischen.
8. Das Dressing über den Salat geben, umrühren und sofort servieren.

57. Kartoffel-Bratwurst-Salat

Portionen: 4-6 Personen

Zutaten:

- 750 g Kartoffeln
- 5 Bratwürstchen
- Fett zum Braten
- 1 Dose Kidneybohnen

- 1 Schuss Speiseöl
- 1 TL Knoblauchpulver
- Salz und Pfeffer

Zubereitung:

1. Zuerst die Kartoffeln schälen, in Würfel schneiden und in Salzwasser gar kochen.
2. Die Bratwurst in Fett braten und danach in Stücke schneiden.
3. Danach die Bohnen durch ein Sieb geben und mehrmals waschen.
4. Zum Schluss alle Zutaten in eine Schüssel geben, umrühren und servieren.

58. Kartoffel-Kräutersalat mit Parmaschinken

Portionen: 4-6 Personen

Zutaten:

- 1000 g Kartoffeln
- 1 Handvoll glatte Petersilie
- etwas frischen Basilikum
- 2 TL getrockneten Thymian
- 1 TL getrocknetes Rosmarin
- 100 g schwarze Oliven (entkernt)

- 2 Knoblauchzehen
- 6-8 getrocknete Tomaten mit etwas Öl
- 150 g Parmaschinken
- 1 Schuss Olivenöl
- Salz und Pfeffer

Zubereitung:

1. Als Erstes die Kartoffeln schälen, würfeln und in Salzwasser gar kochen.
2. Währenddessen Petersilie und Basilikum waschen und sehr fein hacken.
3. Die Oliven und die Tomaten grob hacken.
4. Nun den Knoblauch schälen und in feine Scheiben schneiden.
5. Anschließend den Schinken in grobe Stücke schneiden.
6. Zum Schluss alle Zutaten in eine Schüssel geben, umrühren und servieren.

59. Kartoffelsalat mit Hackfleischbällchen

Portionen: 4-6 Personen

Zutaten:

- 1000 g Kartoffeln
- 700 g Hackfleisch (Rind, Schwein oder gemischt)
- 2 Zwiebeln
- 1 Ei
- 1 Tasse Semmelbrösel
- Fett zum Braten
- 600 g Naturjoghurt
- 2 TL getrockneter Thymian
- Salz und Pfeffer

Zubereitung:

1. Zuerst die Kartoffeln schälen, würfeln, in Salzwasser gar kochen und abkühlen lassen.
2. In der Zwischenzeit Hackfleisch, Ei, Semmelbrösel, Salz und Pfeffer miteinander vermengen und kräftig kneten.
3. Aus der Hackfleischmasse nun kleine Bällchen formen und in einer Pfanne braten.
4. Währenddessen die Zwiebeln schälen, halbieren und feine Streifen schneiden.
5. Zum Schluss alle Zutaten vermengen, umrühren und servieren.

60. Karottensalat mit Schwarzwälder Schinken

Portionen: 4-6 Personen

Zutaten:

- 10 Karotten
- 2 Frühlingszwiebeln
- 100 ml Speiseöl
- Saft einer halben Zitrone
- 1 Pck. Schwarzwälder Schinken
- Salz und Pfeffer

Zubereitung:

1. Als Erstes die Karotten schälen und mit einer Reibe fein raspeln.
2. Die Frühlingszwiebeln schälen, waschen und in feine Röllchen schneiden.
3. Nun den Schinken in Stücke schneiden.
4. Zum Schluss alle Zutaten in eine Schüssel, umrühren und servieren.

61. Kartoffelsalat mit Schweinefleisch

Portionen: 4-6 Personen

Zutaten:

- 1000 g Kartoffeln
- 500 g Naturjoghurt
- 3 EL Creme fraiche
- 600 g Schweinefilet
- 2 Gewürzgurken

- 1 Schalotte
- 2 TL Zucker
- 3 EL Weißweinessig
- Salz und Pfeffer
- Öl oder Fett zum Braten

Zubereitung:

1. Zuerst die Kartoffeln schälen, in Würfel schneiden, in Salzwasser gar kochen und abkühlen lassen.
2. Nun das Fleisch putzen und in Würfel schneiden.
3. In einer Pfanne etwas Fett oder Öl erhitzen, das Fleisch braten und ebenfalls abkühlen lassen.
4. Währenddessen Creme fraiche und Joghurt miteinander vermengen und cremig rühren.
5. Gewürzgurken und Schalotte in kleine Stücke schneiden.
6. Anschließend alle Zutaten in eine Schüssel geben und umrühren.
7. Zum Schluss abschmecken und servieren.

62. Kartoffel-Spinat-Salat mit Hackfleischbällchen

Portionen: 4-6 Personen

Zutaten:

- 500-600 g reines Rinderhackfleisch
- 750 g Kartoffeln
- 2 Pck. Babyspinat
- 600 g Fleischtomaten
- 1 Schuss Rapsöl
- 2 TL Paprikapulver
- 2 TL mittelscharfer Senf
- 1 Ei
- Semmelbrösel
- Salz und Pfeffer
- Öl oder Fett zum Braten

Zubereitung:

1. Als Erstes Fleisch, Senf, Ei, Paprikapulver, Semmelbrösel, Salz und Pfeffer in eine große Schüssel geben und gründlich miteinander vermengen.
2. Aus dem Fleisch kleine Bällchen formen und für etwa 10 Minuten kalt stellen.
3. In einer Pfanne etwas Öl oder Fett erhitzen, die Bällchen darin gründlich braten und abkühlen lassen.
4. In der Zwischenzeit die Kartoffeln schälen, würfeln, in Salzwasser gar kochen und ebenfalls abkühlen lassen.
5. Nun den Spinat waschen und putzen.
6. Die Tomaten waschen, vom Strunk entfernen und würfeln.
7. Alle Zutaten in eine große Schüssel geben und umrühren.
8. Zum Schluss etwas Rapsöl hinzufügen, würzen und servieren.

63. Kartoffel-Spinat-Salat mit Speck und Weintrauben

Portionen: 4-6 Personen

Zutaten:

- 1000 g Kartoffeln
- 1 Pck. Babyspinat
- 350 g Speck am Stück
- 15 helle Weintrauben
- 400 g Naturjoghurt
- 100 g Creme fraiche
- Salz und Pfeffer

Zubereitung:

1. Zuerst die Kartoffeln schälen, würfeln und in Salzwasser gar kochen.
2. Währenddessen den Speck in Würfel schneiden und in einer Pfanne braten.
3. Anschließend den Spinat waschen.
4. Nun die Weintrauben waschen und halbieren.
5. Creme fraiche und Joghurt vorab miteinander vermischen und cremig rühren.
6. Zum Schluss alle Zutaten in eine Schüssel geben, umrühren und servieren.

64. Kokos-Hähnchen-Salat mit Tomaten

Portionen: 4-6 Personen

Zutaten:

- 700 g Hähnchenbrustfilet
- Kokosöl zum Braten
- 3 Schalotten
- 750-1000 g Fleischtomaten
- 1 Bund glatte Petersilie
- etwas Koriander
- 1 Schuss Olivenöl
- Salz und Pfeffer

Zubereitung:

1. Zuerst das Fleisch putzen und in feine Streifen schneiden.
2. Kokosöl in einer Pfanne erhitzen und das Fleisch goldbraun braten.
3. Währenddessen die Schalotten schälen und in Ringe schneiden.
4. Die Tomaten waschen, vom Strunk entfernen und grob würfeln.
5. Anschließend Petersilie und Koriander waschen und sehr fein hacken.
6. Alle Zutaten nun in eine Schüssel geben und umrühren.
7. Olivenöl hinzufügen, kräftig würzen und servieren.

65. Kopfsalat mit Mais und Speck

Portionen: 4-6 Personen

Zutaten:

- 1 Kopfsalat
- 1 Eisbergsalat
- 2 Dosen Mais
- 300 g Schinkenwürfel

- Öl zum Braten
- 500 g Fleischtomaten
- 1 Schuss Rapsöl
- Salz und Pfeffer

Zubereitung:

1. Als Erstes Kopfsalat und Eisbergsalat waschen, putzen und grob zerschneiden.
2. Mais durch ein Sieb geben und waschen.
3. Nun die Tomaten waschen, vom Strunk entfernen und in Würfel schneiden.
4. In einer Pfanne etwas Öl erhitzen und die Schinkenwürfel krossbraten.
5. Alle Zutaten nun in eine Schüssel geben und umrühren.
6. Zum Schluss etwas Öl hinzufügen, gut würzen und servieren.

66. Mais-Bohnen-Salat mit Kochschinken

Portionen: 4-6 Personen

Zutaten:

- 2 kleine Dosen Mais
- 2 Dosen Kidneybohnen
- 2 Schalotten
- 6 Scheiben Kochschinken
- 1 Schuss Speiseöl
- Salz und Pfeffer

Zubereitung:

1. Zuerst Mais und Kidneybohnen durch ein Sieb geben und mehrmals waschen.
2. Nun die Schalotten schälen, halbieren und in feine Streifen schneiden.
3. Den Kochschinken in Stücke schneiden.
4. Zum Schluss alle Zutaten in eine Schüssel geben, umrühren und servieren.

67. Mediterraner Brotsalat mit Garnelen

Portionen: 4-6 Personen

Zutaten:

- 750 g Großgarnelen
- 5 Scheiben Toastbrot oder Weißbrot
- 1 Bund glatte Petersilie
- 3 TL getrocknetes Oregano
- 1 Handvoll Basilikum
- 1 Schuss Olivenöl
- Salz und Pfeffer
- etwas Öl für das Brot und für die Garnelen
- Saft einer Zitrone

Zubereitung:

1. Die Großgarnelen waschen und gründlich säubern
2. In einer Pfanne etwas Öl erhitzen, die Garnelen braten und mit Zitronensaft ablöschen.
3. In der Zwischenzeit das Brot in Würfel schneiden und dabei die Ränder entfernen.
4. Petersilie waschen und sehr fein hacken.
5. Basilikum waschen aber nicht hacken.
6. In einer weiteren Pfanne etwas Öl erhitzen und das Brot anrösten. Nach Belieben kann auch das Öl weggelassen werden.
7. Alle Zutaten in eine Schüssel Öl hinzufügen, gut würzen und umrühren.
8. Zum Schluss mit Brot garnieren und servieren.

68. Mediterraner Kartoffel-Lachs-Salat

Portionen: 4-6 Personen

Zutaten:

- 1000 g Kartoffeln
- 400 g Räucherlachs
- 2 Frühlingszwiebeln
- 100 g schwarze Oliven (entkernt)

- 2 TL getrockneten Thymian oder Rosmarin
- 200 ml Rapsöl
- Salz und Pfeffer

Zubereitung:

1. Die Großgarnelen waschen und gründlich säubern

2. In einer Pfanne etwas Öl erhitzen, die Garnelen braten und mit Zitronensaft ablöschen.

3. In der Zwischenzeit das Brot in Würfel schneiden und dabei die Ränder entfernen.

4. Petersilie waschen und sehr fein hacken.

5. Basilikum waschen aber nicht hacken.

6. In einer weiteren Pfanne etwas Öl erhitzen und das Brot anrösten. Nach Belieben kann auch das Öl weggelassen werden.

7. Alle Zutaten in eine Schüssel Öl hinzufügen, gut würzen und umrühren.

8. Zum Schluss mit Brot garnieren und servieren.

69. Mediterraner Kartoffelsalat mit Garnelen und Chili (scharf)

Portionen: 4-6 Personen

Zutaten:

- 1000 g Kartoffeln
- 750 g Großgarnelen (geschält)
- 2 Frühlingszwiebeln
- 2 Zweige frischen Rosmarin
- 2 TL getrockneter Thymian
- 50 g schwarze Oliven (entkernt)
- 50 g grüne Oliven (entkernt)
- Öl zum Braten
- 1 Chilischote
- 150 ml Olivenöl oder Speiseöl
- Salz und Pfeffer

Zubereitung:

1. Zuerst die Kartoffeln schälen, würfeln und in Salzwasser gar kochen.
2. Währenddessen die Garnelen waschen und in Stücke schneiden.
3. In einer Pfanne etwas Öl erhitzen, Rosmarin und Garnelen hinzufügen und braten.
4. Nun die Frühlingszwiebeln schälen, waschen und in Röllchen schneiden.
5. Die Oliven grob hacken.
6. Anschließend die Chilischote waschen, entkernen und fein hacken.
7. Zum Schluss alle Zutaten in eine Schüssel geben, umrühren und servieren.

70. Mediterraner Nudelsalat mit Putenbruststreifen

Portionen: 4-6 Personen

Zutaten:

- 750 g Farfalle-Nudeln
- 500 g Putenbrustfilet
- 1 Bund glatte Petersilie
- 70 g Pinienkerne
- Butter zum Rösten
- Öl zum Braten

- 10 getrocknete Tomaten
- 300-450 g Mozzarella Kugeln (2-3 Pck.)
- 1 Schuss Olivenöl
- Salz und Pfeffer

Zubereitung:

1. Zuerst das Fleisch putzen und in Streifen schneiden.
2. In einer Pfanne etwas Öl erhitzen, das Fleisch goldbraun braten und erstmal beiseitestellen.
3. 3) In der Zwischenzeit die Nudeln, in Salzwasser, gar kochen und abkühlen lassen.
4. Nun die Mozzarella Kugeln aus der Salzlake holen.
5. Die Petersilie waschen und fein hacken.
6. Anschließend die getrockneten Tomaten grob hacken.
7. Alle Zutaten in eine große Salatschüssel geben und umrühren.
8. In einer weiteren Pfanne etwas Butter zum Schmelzen bringen und die Pinienkerne darin rösten.
9. Zum Schluss Öl hinzufügen, gut würzen, mit Pinienkerne garnieren und sofort servieren.

71. Mediterraner Tomatensalat mit Kalbsfleisch

Portionen: 4-6 Personen

Zutaten:

- 750 g Fleischtomaten
- 4 Scheiben Kalbsschnitzel
- 1 Bund glatte Petersilie
- 3 Schalotten
- 3 gelbe Paprikaschoten

- 1 kleines Glas schwarze Oliven (entkernt)
- 1 Handvoll Basilikumblätter
- 1 Schuss Olivenöl
- Öl zum Braten
- Salz und Pfeffer

Zubereitung:

1. In einer Pfanne etwas Öl erhitzen, das Fleisch darin gut durchbraten und in Streifen schneiden.
2. Währenddessen die Tomaten waschen, vom Strunk entfernen und grob würfeln.
3. Nun die Petersilie waschen und fein hacken.
4. Die Schalotten schälen und in Ringe schneiden.
5. Anschließend die Oliven grob hacken.
6. Die Basilikumblätter waschen.
7. Alle Zutaten in eine Schüssel geben und umrühren.
8. Olivenöl hinzufügen, gut würzen und servieren.

72. Melonen-Salat mit Schweinefilet

Portionen: 4-6 Personen

Zutaten:

- 1 Honigmelone
- 1 Pck. Babyspinat
- 600 g Schweinefilet
- Fett zum Braten
- 100 ml Wasser
- 5 EL Agavendicksaft
- 1 Handvoll frische Minze
- Pfeffer

Zubereitung:

1. Zuerst die Melone schälen, entkernen und in Würfel schneiden.
2. Das Fleisch würfeln und in einer Pfanne braten.
3. Anschließend den Spinat waschen und putzen.
4. Nun die frische Minze waschen und fein hacken.
5. Alle Zutaten in eine Schüssel geben und umrühren.
6. Zum Schluss abschmecken und servieren.

73. Mexikanischer Hackfleisch-Avocado-Salat

Portionen: 4-6 Personen

Zutaten:

- 600 g Hackfleisch vom Rind
- Fett zum Braten
- 5 Avocados
- 2 Schalotten
- 1 große Dose Mais

- 1 kleine Dose Kidneybohnen
- 1 Handvoll glatte Petersilie
- 1 Schuss Speiseöl
- Salz und Pfeffer

Zubereitung:

1. Zuerst das Hackfleisch in einer Pfanne braten und beiseitestellen.
2. Währenddessen die Avocados entkernen und das Fruchtfleisch würzen.
3. Die Schalotten schälen und klein würfeln.
4. Anschließend Mais und Bohnen durch ein Sieb geben und mehrmals waschen.
5. Nun die Petersilie waschen und fein hacken.
6. Zum Schluss alle Zutaten in eine Schüssel geben, umrühren und servieren.

74. Mexikanischer Schinkensalat

Portionen: 4-6 Personen

Zutaten:

- 2 kleine Dose Mais
- 1 Dose Kidneybohnen
- 200 g Schwarzwälder Schinken
- 4 Avocados

- 1 Bund glatte Petersilie
- Saft einer Zitrone
- 1 Schuss Olivenöl
- Salz und Pfeffer

Zubereitung:

1. Zuerst Mais und Kidneybohnen durch ein Sieb geben und sehr gründlich waschen.
2. Den Schinken grob hacken.
3. Nun die Avocados halbieren, entkernen und das Fruchtfleisch in Würfel schneiden.
4. Anschließend die Petersilie waschen und sehr fein hacken.
5. Danach alle Zutaten in eine Schüssel geben und umrühren.
6. Zum Schluss Öl hinzufügen, gründlich würzen und servieren.

75. Mozzarella-Steaksalat

Portionen: 4-6 Personen

Zutaten:

- 7 Scheiben Rinder-Minutensteak
- 1 Pck. Rucola

- 300 g Mozzarella Kugeln
- 1 Dose Mais
- Öl zum Braten

Für das Dressing:

- 1 Schuss Olivenöl oder Speiseöl
- Saft einer halben Zitrone

- 6 EL Teriyaki-Sauce
- 2 EL Agavendicksaft
- Salz und Pfeffer

Zubereitung:

1. Als Erstes das Fleisch in Streifen schneiden.
2. In einer Pfanne etwas Öl erhitzen, das Fleisch braten und abkühlen lassen.
3. Währenddessen den Rucola waschen und putzen.
4. Nun die Dose Mais durch ein Sieb geben und mehrmals waschen.
5. Für das Dressing werden alle oben genannten Zutaten miteinander vermengt und umgerührt.
6. Zum Schluss alle Zutaten erneut vermengen, umrühren und servieren.

76. Nudeln-Garnelen-Salat

Portionen: 4-6 Personen

Zutaten:

- 750-1000 g Großgarnelen
- 1 Pck. Nudeln nach Wahl
- 400 g Naturjoghurt
- 200 g Creme fraiche
- 2 Tassen vorgekochte Erbsen
- Salz und Pfeffer
- Öl zum Braten

Zubereitung:

1. Zuerst die Nudeln, in Salzwasser, gar kochen und abkühlen lassen.
2. Die Garnelen waschen und gründlich säubern.
3. In einer Pfanne etwas Öl erhitzen, die Garnelen durchbraten und gut würzen.
4. Creme fraiche und Joghurt vorab miteinander vermischen und cremig rühren.
5. Alle Zutaten in eine Schüssel geben, gut umrühren und servieren.

77. Nudel-Spargel-Salat mit Speck

Portionen: 4-6 Personen

Zutaten:

- 1 Pck. Spiralnudeln
- 1 Bund grüner Spargel
- 250 g Schinkenwürfel
- 1 Schuss Rapsöl oder Olivenöl
- Salz und Pfeffer
- Öl zum Braten

Zubereitung:

1. Als Erstes die Nudeln, in Salzwasser, gar kochen und abkühlen lassen.
2. Nun den Spargel putzen, die Enden abbrechen und in Stücke schneiden.
3. In einer Pfanne etwas Öl erhitzen und den Speck braten.
4. Alle Zutaten nun in eine Schüssel geben und umrühren.
5. Zum Schluss Öl hinzufügen, gut würzen und servieren.

78. Nudel-Wurst-Salat

Portionen: 4-6 Personen

Zutaten:

- 1 Pck. Farfalle-Nudeln
- 500 g Fleischwurst
- 1 Handvoll glatte Petersilie
- 500 g Naturjoghurt
- 3 EL creme fraiche
- Salz und Pfeffer

Zubereitung:

1. Als Erstes die Nudeln in Salzwasser gar kochen und abkühlen lassen.
2. Die Fleischwurst in kleine Würfel schneiden.
3. Nun die Petersilie waschen und fein hacken.
4. Alle Zutaten in eine Schüssel geben und umrühren.
5. Zum Schluss würzen und servieren.

79. Puten-Reis-Salat

Portionen: 4-6 Personen

Zutaten:

- 650 g Putenbrustfilet
- 4 Tassen Reis
- 2 Tassen vorgekochte Erbsen
- 3 Karotten
- 1 Schuss Olivenöl
- Salz und Pfeffer
- Öl zum Braten

Zubereitung:

1. Zuerst den Reis gar kochen und abkühlen lassen.
2. Das Fleisch putzen und in Würfel schneiden.
3. In einer Pfanne etwas Öl erhitzen und das Fleisch goldbraun braten,
4. Nun die Karotten schälen, in grobe Würfel schneiden und in Salzwasser bissfest kochen.
5. Alle Zutaten nun in eine Schüssel geben und umrühren.
6. Olivenöl hinzufügen, gut würzen und servieren.

80. Reis-Avocado-Salat mit Speckwürfel

Portionen: 4-6 Personen

Zutaten:

- 3 Tassen Reis
- 6 Tassen Wasser für den Reis
- 5 Avocados

- 300 g Speck am Stück
- 1 Handvoll glatte Petersilie

Für das Dressing:

- 350 g Naturjoghurt
- 150 g Creme fraiche

- 1 Schuss Olivenöl
- Salz und Pfeffer

Zubereitung:

1. Als Erstes den Reis mehrmals waschen.
2. Reis, Wasser und Salz in einen Topf geben und gar kochen.
3. Währenddessen die Avocados entkernen und das Fruchtfleisch in Würfel schneiden.
4. Den Speck in kleine Würfel schneiden und in einer Pfanne braten.
5. Nun die Petersilie waschen und sehr fein hacken.
6. Für das Dressing alle oben genannten Zutaten miteinander vermengen und cremig rühren.
7. Zum Schluss alle Zutaten in eine Schüssel geben, umrühren und servieren.

81. Reissalat mit Kichererbsen und Putenfleisch

Portionen: 4-6 Personen

Zutaten:

- 2 Scheiben Putenbrustfilet
- 2 Pck. frischer Babyspinat
- 1 Dose vorgekochte Kichererbsen

- 2 Tassen Reis
- Öl zum Braten
- Salz und Pfeffer
- 1 Schuss Olivenöl

Zubereitung:

1. Zuerst das Fleisch putzen und in Streifen schneiden.
2. In einer Pfanne etwas Öl erhitzen und das Fleisch goldbraun braten.
3. In der Zwischenzeit den Reis, in Salzwasser, gar kochen.
4. Den Reis in eine Schüssel umfüllen und komplett erkalten lassen.
5. Nun den Spinat waschen und gründlich putzen.
6. Die Kichererbsen aus der Dose nehmen, durch ein Sieb geben und waschen.
7. Alle Zutaten nun in eine große Salatschüssel geben und umrühren.
8. Zum Schluss etwas Olivenöl hinzufügen und servieren.

82. Rindfleischsalat mit Granatapfelkerne

Portionen: 4-6 Personen

Zutaten:

- 400-500 g Rumpsteak oder 6 Rinder-Minutensteak
- 500 g Rucola Salat
- 1 Granatapfel
- 2 Schalotten
- 1 Schuss Rapsöl
- Öl zum Braten
- 3-4 EL Balsamico
- Salz und Pfeffer

Zubereitung:

1. Rucola waschen und gründlich putzen.
2. Den Granatapfel halbieren und die Kerne entfernen.
3. Nun die Schalotten schälen und in Ringe schneiden.
4. In einer Pfanne etwas Öl erhitzen und das Fleisch medium braten.
5. Nun das Fleisch für etwa 1-15 Minuten ruhen lassen und anschließend in Streifen schneiden.
6. Rucola, Granatapfelkerne und Schalotten in eine Schüssel geben und umrühren.
7. Öl, Balsamico, Salz und Pfeffer dazugeben und erneut umrühren.
8. Zum Schluss die Rinderstreifen über den Salat geben und sofort servieren.

83. Römersalat mit Fleischwurst

Portionen: 4-6 Personen

Zutaten:

- 2 Köpfe Römersalat
- 500 g Fleischwurst (Geflügel)
- 1 große Dose Mais
- 1 Salatgurke
- 1 Zucchini

Für das Dressing:

- 200 ml Speiseöl
- 2 TL Senf
- 5 EL Balsamico
- 2 TL Honig
- Salz und Pfeffer

Zubereitung:

1. Als Erstes den Römersalat waschen, den Strunk entfernen und in Stücke schneiden.
2. Die Fleischwurst in Würfel schneiden.
3. Anschließend den Mais durch ein Sieb geben und mehrmals waschen.
4. Die Salatgurke waschen und ebenfalls würfeln.
5. Nun die Zucchini putzen, längs halbieren und in Scheiben schneiden.
6. Für das Dressing alle oben genannten Zutaten miteinander vermischen und umrühren.
7. Zum Schluss alle Zutaten in eine Schüssel geben, umrühren und servieren.

84. Römersalat mit Kalbsfleisch und Granatapfelkerne

Portionen: 4-6 Personen

Zutaten:

- 500 g Kalbfleisch
- 2 Köpfe Römersalat
- 3 EL Granatapfelkerne
- 1 Ananas

- 1 Schuss Speiseöl
- Salz und Pfeffer
- Öl zum Braten

Zubereitung:

1. Zuerst das Fleisch putzen und in Stücke schneiden.
2. In einer Pfanne etwas Öl erhitzen, das Fleisch darin anbraten und erstmal beiseitestellen.
3. Den Römersalat waschen, vom Strunk entfernen und in Stücke schneiden.
4. Nun die Ananas schälen, putzen und in mundgerechte Stücke schneiden.
5. Zum Schluss alle Zutaten in eine Schüssel geben, umrühren und servieren.

85. Römer-Wurst-Salat mit Joghurt-Dressing

Portionen: 4-6 Personen

Zutaten:

- 2 Köpfe Römersalat
- 1 Handvoll Rucola
- 500 g Fleischwurst (Schwein oder Geflügel)

- 15 Cherrytomaten
- 1 Dose Mais

Für das Dressing:

- 300 g Naturjoghurt
- 100 ml Buttermilch

- 1 Handvoll frische Minze
- Salz und Pfeffer

Zubereitung:

1. Als den Römersalat waschen, den Strunk abschneiden und anschließend in Stücke schneiden.
2. Rucola ebenfalls waschen und putzen.
3. Nun die Fleischwurst in Würfel schneiden.
4. Die Cherrytomaten waschen und halbieren.
5. Anschließend den Mais durch ein Sieb geben und mehrmals waschen.
6. Danach die frische Minze waschen und fein hacken.
7. Für das Dressing alle oben genannten Zutaten miteinander vermischen und cremig rühren.
8. Zum Schluss alle Zutaten in eine Schüssel geben, umrühren und servieren.

86. Rote-Beete-Salat mit Hähnchenbrust-filetstreifen

Portionen: 4-6 Personen

Zutaten:

- 500 g Hähnchenbrustfilet
- 5 Rote Beete Knollen
- 1 Pck. Babyspinat

- 500 g Naturjoghurt
- Öl zum Braten
- Salz und Pfeffer

Zubereitung:

1. Zuerst das Fleisch putzen und in Streifen schneiden.
2. In einer Pfanne Öl erhitzen, das Fleisch goldbraun braten und abkühlen lassen.
3. Nun den Spinat waschen.
4. Anschließend alle Zutaten in eine Schüssel geben und umrühren.
5. Zum Schluss abschmecken und servieren.

87. Rucola-Feigen-Salat mit Rinderstreifen

Portionen: 4-6 Personen

Zutaten:

- 5 Scheiben Rinder-Minutensteak
- 650 g Rucola
- 6 Feigen
- Öl zum Braten
- 200 g Mozzarella Kugeln
- 1 Schuss Olivenöl
- Salz und Pfeffer

Zubereitung:

1. In einer Pfanne etwas Öl erhitzen, das Fleisch gut durchgebraten und anschließend in Streifen schneiden.
2. Rucola waschen und putzen.
3. Nun die Feigen gründlich putzen und vierteln.
4. Anschließend den Mozzarella aus der Salzlake nehmen.
5. Alle Zutaten in eine Schüssel geben und verrühren.
6. Zum Schluss Öl hinzufügen, gut würzen und servieren.

88. Rucola-Käse-Salat mit Parmaschinken

Portionen: 4-6 Personen

Zutaten:

- 2 Pck. Rucola
- 300 g Fetakäse
- 150 g Parmaschinken
- 15 Cherrytomaten

- 1 kleine Dose Mais
- 1 Schuss Olivenöl
- Saft einer halben Zitrone
- Salz und Pfeffer

Zubereitung:

1. Zuerst den Rucola waschen und putzen.
2. Nun den Fetakäse in Würfel schneiden.
3. Den Parmaschinken grob schneiden.
4. Anschließend den Mais durch ein Sieb geben und mehrmals waschen.
5. Die Cherrytomaten waschen und halbieren.
6. Zum Schluss alle Zutaten in eine Schüssel geben, umrühren und servieren.

89. Rucola-Mozzarella-Salat mit Rinderfiletspitzen

Portionen: 4-6 Personen

Zutaten:

- 600 g Rinderfilet
- 1 Pck. Rucola
- 2 Pck. Mozzarella Kugeln
- 12 Cherrytomaten

- 6-8 braune Champignons
- 1 Schalotte
- Öl zum Braten

Für das Dressing:

- 200 ml Rapsöl
- Saft einer halben Zitrone
- 5 EL Balsamico

- 1 EL Senf
- 2-3 EL Agavendicksaft oder Honig
- Salz und Pfeffer

Zubereitung:

1. Zuerst das Fleisch putzen und in mundgerechte Stücke schneiden.
2. In einer Pfanne etwas Öl erhitzen, das Fleisch braten und erstmal beiseitestellen.
3. Währenddessen Rucola waschen und putzen.
4. Nun die Tomaten halbieren.
5. Anschließend die Champignons in feine Scheiben schneiden.
6. Für das Dressing alle oben genannte Zutaten miteinander vermengen und umrühren.
7. Zum Schluss alle Zutaten in eine Schüssel geben, umrühren, mit Rinderfilet garnieren und servieren.

90. Scharfer Bohnensalat mit Garnelen

Portionen: 4-6 Personen

Zutaten:

- 2 Dosen weiße Bohnen
- 1 Dose Kichererbsen
- 750 g Großgarnelen
- Öl zum Braten
- Saft aus einer Zitrone
- 1 Schuss Olivenöl oder Rapsöl
- 1,5 EL Harissa-Paste
- Salz und Pfeffer

Zubereitung:

1. Zuerst die Garnelen waschen und trockentupfen.
2. In einer Pfanne etwas Öl erhitzen, die Garnelen braten und erstmal beiseitestellen.
3. Währenddessen Bohnen und Kichererbsen durch ein Sieb geben und mehrmals waschen.
4. Anschließend alle Zutaten in eine Schüssel geben und umrühren.
5. Zum Schluss abschmecken und servieren.

91. Scharfer Garnelensalat

Portionen: 4-6 Personen

Zutaten:

- 1000 g Großgarnelen (geschält)
- 1 Pck. Rucola
- 500 g Cherrytomaten
- 3 Zwiebeln
- 1 EL Harissa-Paste
- 1 Schuss Olivenöl oder Speiseöl
- Saft einer Zitrone
- Öl zum Braten
- Salz und Pfeffer

Zubereitung:

1. Zuerst die Garnelen waschen und abtropfen lassen.
2. In einer Pfanne etwas Öl erhitzen, die Garnelen braten und abkühlen lassen.
3. In der Zwischenzeit den Rucola waschen und putzen.
4. Nun die Cherrytomaten waschen und halbieren.
5. Anschließend die Zwiebeln schälen und in Ringe schneiden.
6. Zum Schluss alle Zutaten nun in eine Schüssel geben, umrühren und servieren.

92. Schinken-Kartoffel-Salat mit Joghurt

Portionen: 4-6 Personen

Zutaten:

- 5 Scheiben Schinkenwurst
- 750 g Kartoffeln
- 350 g Naturjoghurt
- 200 g Creme fraiche
- 3 Stangen Frühlingszwiebeln
- Salz und Pfeffer

Zubereitung:

1. Zuerst die Kartoffeln schälen, halbieren, waschen und in Salzwasser gar kochen.
2. Die Schinkenwurst in kleine Streifen schneiden.
3. Anschließend Joghurt und Creme fraiche miteinander vermischen und cremig rühren.
4. Die Kartoffeln nun in Scheiben schneiden.
5. Danach die Frühlingszwiebeln schälen, waschen und in Röllchen schneiden.
6. Alle Zutaten in eine Schüssel geben und umrühren.
7. Zum Schluss nochmals würzen und servieren.

93. Schneller Tomaten-Garnelen-Salat

Portionen: 4-6 Personen

Zutaten:

- 1000 g Fleischtomaten
- 750 g Großgarnelen ohne Schale
- 1 Bund glatte Petersilie
- 1 Handvoll Koriander

- Saft einer Zitrone
- 1 Schuss Olivenöl
- Salz und Pfeffer
- 2 Knoblauchzehen
- Öl zum Braten

Zubereitung:

1. Zuerst die Großgarnelen waschen und säubern.
2. Knoblauch schälen und sehr fein zerdrücken.
3. In einer Pfanne etwas Öl erhitzen, Knoblauch und Garnelen hinzufügen, gründlich braten und mit Zitronensaft ablöschen.
4. In der Zwischenzeit die Tomaten waschen, den Strunk entfernen und in Stücke schneiden.
5. Anschließend Koriander und Petersilie waschen und sehr fein hacken.
6. Alle Zutaten in eine Schüssel geben und umrühren.
7. Zum Schluss Öl hinzufügen, gut würzen und servieren.

94. Schneller Tomaten-Hähnchen-Salat

Portionen: 4-6 Personen

Zutaten:

- 600 g Hähnchenbrust
- 750 g Fleischtomaten
- 300 g Mozzarella Kugeln
- 1 Schuss Olivenöl

- Öl zum Braten
- Salz und Pfeffer
- 1 Bund frisches Basilikum

Zubereitung:

1. Das Fleisch putzen und in Scheiben schneiden.
2. In einer Pfanne etwas Öl erhitzen und das Fleisch goldbraun anbraten.
3. Währenddessen die Tomaten waschen, vom Strunk entfernen und in Stücke schneiden.
4. Die Mozzarella Kugeln aus der Salzlake nehmen und leicht trockentupfen.
5. Nun das Basilikum waschen und grob hacken.
6. Alle Zutaten in eine Schüssel geben und umrühren.
7. Zum Schluss Olivenöl hinzufügen, gut würzen und servieren.

95. Spinat-Avocado-Salat mit Kalbsstreifen

Portionen: 4-6 Personen

Zutaten:

- 2 Pck. frischer Babyspinat
- 3-4 Scheiben Kalbsschnitzel
- 4 Avocados
- 5 große Fleischtomaten
- 1 Bund glatte Petersilie

- 1 Schuss Olivenöl
- Saft einer Zitrone
- Salz und Pfeffer
- Öl zum Braten

Zubereitung:

1. Zuerst das Fleisch putzen und in Streifen schneiden.
2. In einer Pfanne etwas Öl erhitzen und das Fleisch darin gut durchbraten.
3. In der Zwischenzeit die Avocados halbieren, entkernen und das Fruchtfleisch würfeln.
4. Anschließend die Tomaten waschen, vom Strunk entfernen und würfeln.
5. Nun die Petersilie waschen und sehr fein hacken.
6. Alle Zutaten in eine große Salatschüssel geben und umrühren-
7. Zitronensaft und Olivenöl vermischen, über den Salat geben und servieren.

96. Spinatsalat mit Lachs

Portionen: 4-6 Personen

Zutaten:

- 2 Pck. frischer Babyspinat
- 1 Pck. geräucherter Lachs
- 70 g Pinienkerne
- 3 gelbe Paprikaschoten
- 1 Salatgurke

- 1 Schuss Rapsöl
- Saft einer Zitrone
- Salz und Pfeffer
- Öl zum Braten

Zubereitung:

1. Als Erstes den Spinat waschen und gründlich putzen.
2. In einer Pfanne etwas Öl erhitzen und die Pinienkerne darin anrösten.
3. Die Paprikaschoten waschen, entkernen und in Stücke schneiden.
4. Anschließend die Salatgurke waschen, putzen, längs halbieren und in Scheiben schneiden.
5. Nun den Lachs in Stücke schneiden.
6. Alle Zutaten in eine Schüssel geben, würzen und umrühren.
7. Öl und Zitronensaft hinzufügen, mit Pinienkerne und Lachs garnieren und servieren.

97. Spargelsalat mit Hähnchenbrust

Portionen: 4-6 Personen

Zutaten:

- 1 Bund grüner Spargel
- 650 g Rucola
- 500 g Hähnchenbrustfilet
- 10 Radieschen

- 500 g Fleischtomaten
- 1 Schuss Olivenöl
- Salz und Pfeffer
- Öl zum Braten

Zubereitung:

1. Als Erstes das Fleisch putzen und in feine Streifen schneiden.
2. In einer Pfanne etwas Öl erhitzen und das Fleisch darin goldbraun braten.
3. In der Zwischenzeit den Spargel putzen, die Enden abbrechen und in Stücke schneiden.
4. Nun den Rucola waschen und putzen.
5. Radieschen waschen, putzen und in dünne Scheiben schneiden.
6. Anschließend die Tomaten waschen, vom Strunk entfernen und würfeln.
7. Alle Zutaten in eine Schüssel geben und umrühren.
8. Öl hinzufügen, gut würzen und servieren.

98. Spargel-Schinken-Salat

Portionen: 4-6 Personen

Zutaten:

- 1 Bund weißer Spargel
- 200 g Schwarzwälder Schinken
- 600 g Rucola
- 1 großes Stück Honigmelone
- 1 Schuss Olivenöl
- Salz und Pfeffer

Zubereitung:

1. Zuerst den Spargel schälen, die Enden abtrennen und in Stücke schneiden.
2. Nun den Schinken in Stücke schneiden.
3. Anschließend den Rucola waschen und putzen.
4. Die Honigmelone schälen, entkernen und in kleine Würfel schneiden.
5. Alle Zutaten in eine Schüssel geben und umrühren.
6. Zum Schluss Öl hinzufügen, würzen und servieren.

99. Süßer Garnelen-Salat mit Mozzarella

Portionen: 4-6 Personen

Zutaten:

- 750 g Großgarnelen (geschält)
- 3 Schalotten
- 300 g Mozzarella Kugeln
- 3 EL Agavendicksaft
- 50 ml Wasser
- 1 Schuss Speiseöl
- Öl zum Braten
- Salz und Pfeffer

Zubereitung:

1. Zuerst die Garnelen waschen und trocken tupfen.
2. In einer Pfanne etwas Öl erhitzen, die Garnelen braten und erkalten lassen.
3. Nun die Schalotten schälen, halbieren und in Streifen schneiden.
4. Zum Schluss alle Zutaten in eine Schüssel geben, umrühren und servieren.

100. Thai Salat

Portionen: 4-6 Personen

Zutaten:

- 1 Pck. Babyspinat
- 2 Köpfe Pak Choi
- 1 Pck. Reisnudeln
- 600 g Großgarnelen

- 1 Handvoll Sprossen
- 1 Zucchini
- Öl zum Braten

Für das Dressing:

- 250 ml Speiseöl
- 2 EL Sojasauce
- 1 Schuss Reisessig
- 2 EL Agavendicksaft

- 2 TL Sesamöl
- 1 TL Sesamkörner
- Salz und Pfeffer

Zubereitung:

1. Zuerst die Garnelen waschen und trockentupfen.
2. Etwas Öl in einer Pfanne erhitzen, die Garnelen braten und beiseitestellen.
3. In der Zwischenzeit Babyspinat und Pok Choi waschen.
4. Pak Choi anschließend in grobe Stücke schneiden.
5. Nun die Sprossen gründlich waschen.
6. Anschließend die Zucchini putzen, längs halbieren und in Scheiben schneiden.
7. Für das Dressing werden nun alle Zutaten miteinander vermengt und umgerührt.
8. Zum Schluss alle Zutaten in eine Schüssel, umrühren und servieren.

101. Thunfisch-Nudelsalat mit grünem Spargel

Portionen: 4-6 Personen

Zutaten:

- 2-3 Dosen Thunfisch
- 1 Pck. Spiralnudeln
- 1 Bund grünem Spargel
- 350 g Feldsalat

- 1 Schuss Rapsöl
- etwas Zitronensaft
- Salz und Pfeffer

Zubereitung:

1. Als Erstes den Thunfisch aus der Dose nehmen und abtropfen lassen.
2. Die Nudeln, in Salzwasser, gar kochen und abkühlen lassen.
3. Nun den Spargel putzen, die Enden abbrechen und in Stücke schneiden.
4. Anschließend den Feldsalat waschen und putzen.
5. Alle Zutaten in eine Schüssel geben und umrühren.
6. Öl, Zitronensaft hinzugeben, gut würzen und servieren.

102. Thunfisch-Mais-Salat

Portionen: 4-6 Personen

Zutaten:

- 3 Dosen Thunfisch
- 2 kleine Dosen Mais
- 250 g Mayonnaise
- 200 g Creme fraiche
- 300 g Naturjoghurt
- 1 Pck. Babyspinat
- 3 Gewürzgurken
- Salz und Pfeffer

Zubereitung:

1. Als Erstes den Spinat waschen.
2. Thunfisch aus der Dose nehmen, leicht abtropfen lassen und mit einer Gabel zerdrücken.
3. Mais durch ein Sieb geben und mehrmals waschen.
4. Joghurt, Mayonnaise und Creme fraiche vorab miteinander vermengen und cremig rühren.
5. Nun die Gewürzgurken in kleine Würfel schneiden.
6. Zum Schluss alle Zutaten in eine Schüssel, umrühren und servieren.

103. Scharfer Glasnudelsalat mit Zucchinis und Hähnchenfleisch

Portionen: 4-6 Personen

Zutaten:

- 1 Pck. Glasnudeln
- 500 g Hähnchenbrustfilet
- Öl zum Braten
- 1 Chilischote

- 1 kleines Stück Ingwer
- 1 gelbe Zucchini
- 1 grüne Zucchini
- 1 Handvoll Sprossen

Für das Dressing:

- 200 ml Speiseöl
- 1 TL Ingwerpulver
- 1 TL Knoblauchpulver
- 3 EL Sojasauce

- 2 TL Sesamöl
- 2 EL Honig
- Salz und Pfeffer

Zubereitung:

1. Zuerst werden die Zutaten für das Dressing miteinander vermischt und kaltgestellt.
2. In der Zwischenzeit die Glasnudeln mit heißem Wasser übergießen und für etwa 15 Minuten ruhen lassen.
3. Anschließend das Fleisch putzen und in Würfel schneiden.
4. Nun die Chilischote waschen, entkernen und fein hacken.
5. Den Ingwer schälen und fein zerdrücken.
6. In einer Pfanne etwas Öl erhitzen, Chili, Ingwer und Fleisch hinzufügen. Anschließend gründlich vermengen und braten.
7. Die Zucchini putzen, längs halbieren und in Scheiben schneiden.
8. Danach die Sprossen waschen.
9. Zum Schluss alle Zutaten in eine Schüssel geben, umrühren und servieren.

104. Scharfer Kichererbsen-Salat mit Huhn

Portionen: 4-6 Personen

Zutaten:

- 2 große Dosen Kichererbsen (oder 3 kleine Dosen)
- 3 Zwiebeln
- 500-700 g Hähnchenbrustfilet
- Öl zum Braten
- 5 EL Tahini
- 1 TL Chili Flakes
- 1 Chilischote
- 1 TL Ingwerpulver
- 1 Handvoll glatte Petersilie
- Saft einer Zitrone
- Salz und Pfeffer

Zubereitung:

1. Als Erstes das Fleisch putzen, in Würfel schneiden und in einer Pfanne braten.
2. Währenddessen die Kichererbsen durch ein Sieb geben und mehrmals waschen.
3. Anschließend die Zwiebeln schälen und in Ringe schneiden.
4. Nun die Petersilie waschen und sehr fein hacken.
5. Zum Schluss alle Zutaten in eine Schüssel geben, umrühren und servieren.

105. Scharfer Thunfischsalat mit Pinienkerne

Portionen: 4-6 Personen

Zutaten:

- 4 Dosen Thunfisch
- 2 Karotten
- 1 Dose Mais
- 70 g Pinienkerne
- 450 g Naturjoghurt

- 150 g Creme fraiche
- 3 TL Meerrettich Paste
- 1 Handvoll glatte Petersilie
- Saft einer halben Zitrone
- Salz und Pfeffer

Zubereitung:

1. Als Erstes die Karotten schälen und mit einer Reibe fein raspeln.
2. Den Thunfisch aus der Dose nehmen, leicht abtropfen lassen und mit einer Gabel zerdrücken.
3. Nun den Mais durch ein Sieb geben und mehrmals waschen.
4. Anschließend die Pinienkerne in einer Pfanne anrösten und abkühlen lassen.
5. Creme fraiche, Joghurt und Meerrettich vorab miteinander vermengen und cremig rühren.
6. Danach die Petersilie waschen und fein hacken.
7. Zum Schluss alle Zutaten in eine Schüssel geben, umrühren und servieren.

106. Spinat-Hähnchen-Salat mit Avocado-Joghurt-Dressing

Portionen: 4-6 Personen

Zutaten:

- 1 Pck. Babyspinat
- 1 Handvoll Rucola
- 650 g Hähnchenbrustfilet

- Öl oder Fett zum Braten
- 50 g Pinienkerne
- 2 Zwiebeln

Für das Dressing:

- 500 g Naturjoghurt
- 1 Avocado
- 1 Knoblauchzehe

- 1 Schuss Olivenöl
- Saft einer halben Zitrone
- Salz und Pfeffer

Zubereitung:

1. Zuerst das Fleisch putzen, würfeln und in einer Pfanne braten.
2. Babyspinat und Rucola waschen und putzen.
3. Nun die Zwiebeln schälen und in Streifen schneiden.
4. Anschließend die Pinienkerne in einer Pfanne anrösten und abkühlen lassen.
5. Avocado und Knoblauch entkernen und das Fruchtfleisch in einem Mixer fein pürieren.
6. Für das Dressing werden alle oben genannten Zutaten miteinander vermengt und cremig gerührt.
7. Zum Schluss alle Zutaten in eine Schüssel geben, umrühren und servieren.

107. Spinat-Mandarinen-Salat mit Rindfleisch

Portionen: 4-6 Personen

Zutaten:

- 6 Scheiben Rinder-Minutensteaks
- 600 g frischer Babyspinat
- 2 Dosen Mandarinen
- Öl zum Braten
- 1 Schuss Rapsöl
- Salz und Pfeffer

Zubereitung:

1. Zuerst das Fleisch putzen und in feine Streifen schneiden.
2. In einer Pfanne etwas Öl erhitzen, das Fleisch braten und erstmal beiseitestellen.
3. Währenddessen den Spinat waschen und putzen.
4. Die Mandarinen aus der Dose nehmen, durch ein Sieb geben und dabei das Fruchtwasser auffangen.
5. Spinat, Mandarinen, Öl und Fruchtwasser in eine Schüssel geben und gut umrühren.
6. Zum Schluss gut würzen, das Fleisch über den Salat geben und sofort servieren.

108. Süßer Kürbis-Thunfisch-Salat

Portionen: 4-6 Personen

Zutaten:

- 1 Hokkaido-Kürbis
- 2 Dosen Thunfisch
- 4 EL Granatapfelkerne
- 1 Zucchini

- 1 Schuss Olivenöl
- 2 EL Honig
- Salz und Pfeffer

Zubereitung:

1. Als Erstes den Ofen auf 200 Grad vorheizen.
2. Nun den Kürbis schälen, gründlich entkernen und in mundgerechte Würfel schneiden.
3. Kürbis auf ein Backblech legen, mit Olivenöl einpinseln, würzen und für etwa 35-45 Minuten backen.
4. Währenddessen den Thunfisch aus der Dose nehmen, leicht abtropfen und mit einer Gabel zerdrücken.
5. Nun die Zucchini putzen, längs halbieren und in Scheiben schneiden.
6. Zum Schluss alle Zutaten in eine Schüssel geben, umrühren und servieren.

109. Süßkartoffel-Reis-Salat mit Schwarzwälder Schinken

Portionen: 4-6 Personen

Zutaten:

- 1 kleinen Hokkaido-Kürbis
- 3 Tassen Reis
- 1 Schuss Olivenöl

- 6 Tassen Wasser für den Reis
- 1 Pck. Schwarzwälder Schinken
- 2 Frühlingszwiebeln

Für das Dressing:

- 150 ml Speiseöl
- 3 EL Balsamico

- 2 EL Honig
- Salz und Pfeffer

Zubereitung:

1. Zunächst den Ofen auf 200 Grad vorheizen.
2. Den Reis mehrmals gründlich waschen.
3. Reis, Wasser und Salz in einen Topf geben, gar kochen und abkühlen lassen.
4. Nun den Kürbis schälen, gründlich entkernen und in mundgerechte Stücke schneiden.
5. Anschließend den Kürbis auf ein Backblech legen, mit Olivenöl einpinseln, würzen und für etwa 35 Minuten backen.
6. Nun den Schinken in Stücke schneiden.
7. Die Frühlingszwiebeln schälen, waschen und in feine Röllchen schneiden.
8. Für das Dressing alle oben genannten Zutaten vermischen und umrühren.
9. Zum Schluss alle Zutaten in eine Schüssel geben, umrühren und servieren.

110. Süßkartoffelsalat mit Avocados und Speck

Portionen: 4-6 Personen

Zutaten:

- 1 Hokkaido-Kürbis
- 350 g Speck am Stück
- 5 Avocados
- 2 Schalotten
- 1 Schuss Olivenöl

Für das Dressing:

- 200 ml Speiseöl
- 3 TL Senf
- 4 EL Balsamico
- 2 EL Honig
- Salz und Pfeffer

Zubereitung:

1. Als Erstes den Kürbis schälen, gründlich entkernen und in mundgerechte Stücke schneiden.
2. Den Speck in Stücke schneiden, in einer Pfanne anbraten und abkühlen lassen.
3. Nun die Avocados entkernen und das Fruchtfleisch würfeln.
4. Anschließend die Schalotten schälen, halbieren und in feine Streifen schneiden.
5. Für das Dressing alle oben genannten Zutaten vermengen und umrühren.
6. Zum Schluss alle Zutaten in eine Schüssel geben, umrühren und servieren.

111. Süßkartoffelsalat mit Parmaschinken

Portionen: 4-6 Personen

Zutaten:

- 1 Hokkaido-Kürbis
- 3 Schalotten
- 150 g Parmaschinken

- 70 g Pinienkerne
- 2 Knoblauchzehen
- 1 Schuss Olivenöl

Für das Dressing:

- 200 ml Speiseöl
- Saft einer Zitrone
- 3 EL Balsamico

- 2 EL Agavendicksaft oder Honig
- Salz und Pfeffer

Zubereitung:

1. Zuerst den Ofen auf 200 Grad vorheizen.
2. Den Kürbis schälen, gründlich entkernen und in mundgerechte Stücke schneiden.
3. Anschließend die Kürbisstücke auf ein Backblech legen, mit Olivenöl einpinseln, würzen und für etwa 35 Minuten backen.
4. Währenddessen den Parmaschinken in Stücke schneiden.
5. Die Pinienkerne in einer Pfanne anrösten und abkühlen.
6. Nun die Knoblauchzehe schälen und in feine Scheiben schneiden.
7. Für das Dressing alle oben genannten Zutaten miteinander vermischen und umrühren.
8. Zum Schluss alle Zutaten in eine Schüssel geben, umrühren und servieren.

112. Weißkohlsalat mit Rote Beete Schwarzwälder Schinken

Portionen: 4-6 Personen

Zutaten:

- 1 Kopf Weißkohl
- 4 Rote Beete Knollen (vorgekocht)
- 1 Pck. Schwarzwälder Schinken
- 1 Pck. Babyspinat
- 2 Zwiebeln
- 1 Schuss Olivenöl
- Salz und Pfeffer
- 2 TL Zucker

Zubereitung:

1. Zuerst den Weißkohl mit einer Reibe fein zerkleinern.
2. Die Rote Beete putzen und in Würfel schneiden.
3. Anschließend die Zwiebeln schälen und in Würfel schneiden.
4. Nun den Schinken in Stücke schneiden.
5. Zum Schluss alle Zutaten in eine Schüssel geben, umrühren und servieren.

113. Würstchen-Salat

Portionen: 4-6 Personen

Zutaten:

- 650 g Feldsalat
- 5 Bratwürstchen
- 3 Schalotten
- 700 g Fleischtomaten

- 500 g Naturjoghurt
- Salz und Pfeffer
- Öl zum Braten

Zubereitung:

1. In einer Pfanne etwas Öl erhitzen, die Würstchen krossbraten und anschließend in Scheiben schneiden.
2. Feldsalat waschen und putzen.
3. Nun die Schalotten schälen und in Ringe schneiden.
4. Anschließend die Tomaten waschen, vom Strunk entfernen und in große Würfel schneiden.
5. Zum Schluss alle Zutaten in eine Schüssel geben und umrühren.

114. Wurstsalat

Portionen: 4-6 Personen

Zutaten:

- 750 g Kartoffeln
- 6 Wiener Würstchen (Geflügel oder Schwein)
- 300 g Naturjoghurt
- 200 g Creme fraiche
- 50 g Mayonnaise
- Salz und Pfeffer

Zubereitung:

1. Als Erstes die Kartoffeln schälen, waschen, in grobe Würfel schneiden und in Salzwasser gar kochen.
2. Die Würstchen in feine Scheiben schneiden.
3. Joghurt, Creme fraiche und Mayonnaise vorab miteinander vermischen und cremig rühren.
4. Alle Zutaten nun in eine Schüssel geben und umrühren.
5. Zum Schluss gut würzen und servieren.

115. Zweierlei Zucchini-Schalotten-Salat mit Räucherspeck

Portionen: 4-6 Personen

Zutaten:

- 3 gelbe Zucchini
- 2 grüne Zucchini
- 4 Schalotten
- 200 g Schwarzwälder Schinken
- 1 Schuss Rapsöl
- Salz und Pfeffer

Zubereitung:

1. Als Erstes die Zucchini längs halbieren und in dünne Scheiben schneiden.
2. Die Schalotten schälen und in Ringe schneiden.
3. Nun den Schinken in grobe Stücke schneiden.
4. Alle Zutaten in eine Schüssel geben und umrühren.
5. Zum Schluss Öl hinzufügen, kräftig würzen und servieren.

116. Zwiebel-Mandarinen-Salat mit Schweinefilet

Portionen: 4-6 Personen

Zutaten:

- 3 Zwiebeln
- 600 g Schweinefilet
- 1 Dose Mandarinen
- 1 Pck. Feldsalat
- 1 Schuss Olivenöl
- Saft einer Zitrone
- Öl oder Fett zum Braten
- Salz und Pfeffer

Zubereitung:

1. Zuerst das Fleisch putzen und in Würfel schneiden.
2. In einer Pfanne etwas Öl oder Fett erhitzen, das Fleisch braten und abkühlen lassen.
3. Währenddessen die Zwiebeln schälen und in Ringe schneiden.
4. Anschließend die Mandarinen durch ein Sieb geben und dabei das Fruchtwasser auffangen.
5. Feldsalat waschen und putzen.
6. Für das Dressing werden Mandarinensaft, Olivenöl, Zitronensaft, Salz und Pfeffer miteinander vermischt.
7. Zum Schluss alle Zutaten in eine Schüssel geben, umrühren und servieren.

Rechtliches und Impressum

Das Werk einschließlich aller Inhalte ist urheberrechtlich geschützt. Der Nachdruck oder Reproduktion, gesamt oder auszugsweise, sowie die Einspeicherung, Verarbeitung, Vervielfältigung und Verbreitung mit Hilfe elektronischer Systeme, gesamt oder auszugsweise, ist ohne schriftliche Genehmigung des Autors untersagt. Alle Übersetzungsrechte vorbehalten.

Die Inhalte dieses Buches wurden anhand von anerkannten Quellen recherchiert und mit hoher Sorgfalt geprüft. Der Autor übernimmt dennoch keinerlei Gewähr für die Aktualität, Richtigkeit und Vollständigkeit der bereitgestellten Informationen.

Haftungsansprüche gegen den Autor, welche sich auf Schäden gesundheitlicher, materieller oder ideeler Art beziehen, die durch Nutzung oder Nichtnutzung der dargebotenen Informationen bzw. durch die Nutzung fehlerhafter und unvollständiger Informationen verursacht wurden, sind grundsätzlich ausgeschlossen, sofern seitens des Autors kein nachweislich vorsätzliches oder grob fahrlässiges Verschulden vorliegt. Dieses Buch ist kein Ersatz für medizinische oder professionelle Beratung und Betreuung.

Copyright Valentina Steinert
Auflage 04/2019
Kein Abschnitt des Textes darf in irgendeiner Form
ohne Zustimmung des Autors verwendet werden.
Kontakt: Tim Ong/ Türkstr. 4/ 30167 Hannover
Icongestaltung: Freepik - www.flaticon.com
Coverfoto: Timolina/shutterstock.com
Formatierung: Valentina Steinert